ہندوستان: ثقافتی گوشے - ۲

(علمی و ادبی مضامین)

مرتب:

مکرم نیاز

Hindustan - Saqafati Goshey - Part-2 (Essays)
by: Mukarram Niyaz
Edition: April '2026
Publisher :
Taemeer Publications LLC (Michigan, USA / Hyderabad, India)

ISBN 978-93-6908-679-5

کتاب	:	**ہندوستان: ثقافتی گوشے - ۲**
مرتب	:	**مکرم نیاز**
بہ تعاون	:	ncpulblog ویب سائٹ سے ماخوذ
صنف	:	تحقیق و تنقید
ناشر	:	تعمیر پبلی کیشنز (حیدرآباد، انڈیا)
سالِ اشاعت	:	۲۰۲۶ء
صفحات	:	۱۰۰
سرورق ڈیزائن	:	تعمیر ویب ڈیزائن

فہرست

پیش لفظ

زیرِ نظر کتاب "ہندوستان : ثقافتی گوشے - حصہ:۲" محض مضامین کا مجموعہ نہیں بلکہ ایک وسیع تہذیبی کینوس ہے، جس پر ہندوستان کی علمی، ادبی، تاریخی اور سماجی روایتوں کے متنوع رنگ نہایت سلیقے سے بکھیرے گئے ہیں۔ اس کتاب کا بنیادی وصف یہ ہے کہ یہ ہندوستانی تہذیب کو کسی ایک زاویے سے نہیں دیکھتی بلکہ اس کے مختلف گوشوں کو اس طرح سامنے لاتی ہے کہ قاری کو ایک جیتی جاگتی تہذیبی دنیا کا مشاہدہ ہونے لگتا ہے۔ زبان و ادب سے لے کر تاریخ و تمدن، مذہبی روایتوں سے لے کر سماجی تغیرات تک، ہر مضمون اپنے اندر ایک الگ جہان سمیٹے ہوئے ہے، مگر ان سب کو جو چیز باہم مربوط کرتی ہے وہ ہندوستانی تہذیب کی وہ ہمہ گیر روح ہے جس میں تنوع کے باوجود ایک گہری وحدت کارفرما ہے۔ اس مجموعے میں شامل مضامین نہ تو محض معلوماتی ہیں اور نہ ہی خشک تحقیقی انداز کے حامل، بلکہ ان میں ایک زندہ تجربے کی حرارت موجود ہے۔ یہی وجہ ہے کہ قاری صرف حقائق سے آگاہ نہیں ہوتا بلکہ ان کے پس منظر میں کارفرما تہذیبی شعور کو بھی

محسوس کرتا ہے۔ یہ کتاب اس بات کا ثبوت ہے کہ ہندوستانی معاشرہ صدیوں کے علمی و ادبی تعامل، ثقافتی تبادلوں اور فکری ارتقا کا نتیجہ ہے، جہاں ہر دور نے اپنی چھاپ چھوڑی اور ہر خطے نے اپنی آواز شامل کی۔ مرتب نے ان مضامین کے ذریعے دراصل ایک ایسی فکری فضا قائم کی ہے جہاں ماضی کی بازگشت حال کے شعور سے جڑ کر ایک بامعنی مکالمہ تشکیل دیتی ہے۔

پہلا مضمون ہندوستان میں فارسی لغت نگاری کے فن پر روشنی ڈالتا ہے اور یہ واضح کرتا ہے کہ لغت محض الفاظ کا ذخیرہ نہیں بلکہ ایک تہذیب کی فکری تاریخ ہوتی ہے۔ اس کے بعد ہندوستان اور ازبکستان کے سماجی و تہذیبی روابط پر مشتمل مضمون وسط ایشیا اور برصغیر کے درمیان صدیوں پر محیط تعلقات کو ایک مربوط تناظر میں پیش کرتا ہے، جہاں علم، تجارت اور مذہب نے پل کا کام کیا۔

نظیر اکبرآبادی کے حوالے سے پیش کیا گیا مضمون ہندوستانی تہذیب کے عوامی رنگ کو اجاگر کرتا ہے، خاص طور پر تیوہاروں کے ذریعے جو مذہبی حدبندیوں سے اوپر اٹھ کر مشترکہ انسانی مسرت کی علامت بن جاتے ہیں۔ اسی طرح محمد قلی قطب شاہ کے عہد کے قلمی آثار پر مبنی تحریر ہمیں یہ احساس دلاتی ہے کہ تاریخ کو صرف سیاسی واقعات تک محدود کر دینا بڑی ناانصافی ہے، اصل روح تو علمی و ادبی سرگرمیوں میں پوشیدہ ہوتی ہے۔

حیدرآباد کی خواتین ناول نگاروں پر مضمون ایک اہم سماجی تبدیلی کا سراغ دیتا ہے، جہاں روایت کی بندشیں ٹوٹتی ہیں اور خواتین اپنی تخلیقی آواز کے ذریعے

معاشرتی شعور کو نئی سمت دیتی ہیں۔ منیر شریف کی درگاہوں کی تاریخی و روحانی اہمیت پر مبنی تحریر قاری کو ایک ایسے تجربے سے گزارتی ہے جہاں تاریخ، عقیدت اور جمالیات ایک دوسرے میں مدغم ہو جاتے ہیں۔

آخری مضمون پانی پت کی علمی و ادبی شخصیات کا تذکرہ کرتے ہوئے یہ باور کراتا ہے کہ کسی خطے کی اصل پہچان اس کے معرکوں سے نہیں بلکہ اس کے اہلِ قلم سے ہوتی ہے، جو اپنے فکر و فن کے ذریعے زمانے پر اثر انداز ہوتے ہیں۔

یوں یہ کتاب اپنے قاری کو نہ صرف معلومات فراہم کرتی ہے بلکہ ایک فکری سفر پر لے جاتی ہے، جہاں ہر مضمون ایک نیا دریچہ کھولتا ہے اور ہندوستانی تہذیب کی ایک اور پرت کو بے نقاب کرتا ہے۔

۱

ہندوستان میں فارسی لغت نگاری

قمر حیدر

دنیا کی کسی بھی زبان کو جاننے اور پہچاننے کے لیے اس کے الفاظ و قواعد سے واقفیت حاصل کرنا ضروری ہے، انھیں الفاظ و محاوروں کو ابجد کی ترتیب کی رعایت کے ساتھ کتابی شکل میں جمع کر دینا لغت نویسی کہلاتا ہے اور ترتیب شدہ مجموعے کو لغت، فرہنگ، ڈکنری اور شبد کوش کے نام سے یاد کیا جاتا ہے۔ لغت میں در حقیقت روز مرہ استعمال ہونے والے الفاظ، محاورات کی تشریح اور ضرب الامثال کی توجیہ و توضیح درج ہوتی ہے۔ لفظ کس زبان کا ہے اس کی اصل کیا ہے، اس کی قواعدی نوعیت کیا ہے یہ ساری چیزیں لغت میں مذکور ہوتی ہیں۔

اس مقام پر یہ بات ذہن نشین کرانا مناسب معلوم ہوتا ہے کہ لغات اور دائرۃ المعارف میں کچھ بنیادی فرق ہوتے ہیں، ان میں اہم ترین فرق یہ ہے کہ لغات میں بنیادی طور پر لغت و معنی کو مد نظر رکھا جاتا ہے جبکہ دائرۃ المعارف میں مختلف موضوعات پر اجمالی معلومات درج کی جاتی ہیں۔

لغت نویسی نہایت ہی صبر آزما، دقت طلب اور طاقت فرسا فن ہے جس کا

تعلق لسانیات اور علم زبان سے ہے اس کے لیے وسیع معلومات، الفاظ کا ذخیرہ، اس کے طریقہ استعمال سے آگہی، معنی، تلفظ و املا سے واقفیت وغیرہ درکار ہوتی ہے، نیز زمانے کے ساتھ رونما ہونے والی تبدیلیوں سے کسی حد تک آشنائی بھی ضروری ہے۔

کتب لغات کے مطالعے سے یہ پتہ چلتا ہے کہ لغت کی کتابیں مختلف النوع ہوتی ہیں، کچھ ایسی لغات ہوتی ہیں جس میں صرف اسی زبان کے الفاظ کے معنی، محل استعمال اور طریقہ استعمال کو بیان کیا جاتا ہے، عموماً اردو فارسی لغات میں حروف تہجی کی ترتیب کے لحاظ سے کلمات و الفاظ کی تشریح و توضیح درج ہوتی ہے۔

کچھ لغات ایسی بھی نظر آتی ہیں جس میں دو زبانوں کا استعمال ہوتا ہے مثلاً اردو سے عربی یا عربی سے اردو، یا فارسی سے عربی و عربی سے فارسی میں الفاظ کی تشریح و توضیح نیز معنی وغیرہ درج کیا جاتا ہے۔

بعض لغت میں کئی کئی زبانوں کا استعمال ہوتا ہے، الفاظ کے معنی و طریقہ استعمال کو چند زبانوں میں بیان کیا جاتا ہے، دور حاضر میں اس قسم کی لغات زیادہ مرسوم ہیں، ہر زبان کی لغت چند مختلف زبانوں میں ترتیب پا رہی ہے۔

لغت کی ایک قسم عصر حاضر میں یہ بھی دیکھنے میں آتی ہے کہ کسی علم یا موضوع سے متعلق کلمات و اصطلاحات کی تشریح و توضیح سے مختص ہیں مثلاً سائنسی علوم سے متعلق لغات، علم نجوم یا حکمت و فلسفے کی اصطلاحات پر مشتمل لغت۔

ہندوستان میں فارسی لغات کی تدوین:

فارسی زبان اپنی قدامت کے اعتبار سے متعدد ادوار سے گذری ہے اور ہر دور پچھلے دور کے بہ نسبت زیادہ ہی تابناک رہا ہے چونکہ کسی بھی زبان کو بہتر طریقے

سے سمجھنے کا ایک ذریعہ لغات ہیں بلکہ ادبی منابع میں سے ہے اس لیے ہر دور میں ادبا ودانشوروں نے اس پر خاطر خواہ توجہ دی ہے، فارسی لغت نویسی کی تاریخ کے مطالعے سے پتہ چلتا ہے کہ پانچویں صدی ہجری کے درمیانی مراحل سے فارسی لغت نویسی کا آغاز ہوچکا تھا، چنانچہ ڈاکٹر معین اپنی لغت فرہنگ معین کے مقدمہ میں تحریر کرتے ہیں:

ایسے شواہد دستیاب ہیں جن سے پتہ چلتا ہے کہ لغت نویسی کا آغاز پانچویں صدی ہجری کے وسط میں ہو چکا تھا ممکن ہے اس سے پہلے بھی یہ کام ہوا ہو لیکن حوادث تاریخی کے ہاتھوں ضائع وتباہ ہوگیا اور اس کے اثرات نہیں ملتے ہیں۔(مقدمہ فرہنگ معین)

فارسی زبان کی قدیم ترین لغت کے عنوان سے دو اہم نام قابل ذکر ہیں (۱) فرہنگ پہلویک (۲) فرہنگ اویم۔ ان دونوں لغات کا تعلق فارسی میانہ سے تھا لیکن باقاعدہ فارسی لغات کی تدوین کا کام بظاہر پانچویں صدی ہجری سے شروع ہوا اس صدی کی دو اہم کتابیں قابل ذکر ہیں۔ (۱) رسالہ ابو حفص سغدی (۲) تفاسیر لغۃ الفرس مؤلفہ شرف الزمان قطران بن منصور ارموی۔ پانچویں صدی کے مشہور شاعر تھے، سر دست یہ دونوں کتابیں نایاب ہیں (فرہنگ فارسی معین، ص ۳۹)

اس سلسلے میں قدیم ترین کتاب جو دستیاب ہے۔ فرہنگ اسدی یا لغت فرس اسدی مؤلفہ اسدی طوسی ہے۔ اس کے بعد ایک عرصہ دراز تک اس قسم کی کتابیں ترتیب نہیں دی گئیں یہاں تک کہ آٹھویں صدی میں شمس الدین محمد ہندو شاہ کے ذریعے صحاح الفرس لکھی گئی اس کے بعد متعدد لغات اسی صدی میں معرض وجود

میں آئیں۔

ساتویں صدی ہجری میں شبہ جزیرہ ہند میں لغت نویسی کا آغاز ہوا کیونکہ ایرانیوں سے راہ ورسم بڑھے اور ایرانی تمدن کو ہندوستان میں رونق حاصل ہوئی، بڑھتے بڑھتے فارسی زبان ایران کے بعد ہندوستان میں سب سے زیادہ بولی جانے والی اور رائج زبان قرار پائی، چنانچہ تاریخ گواہ ہے کہ تمام سلاطین وہندوستانی راجاؤں نے فارسی زبان سے بخوبی آشنائی حاصل کرلیا، چوتھی صدی عیسوی سے ہندوستانی حکام سے ساسانیوں کے خاص روابط ومراسم تھے (فرہنگ نویسی فارسی در ہندوپاکستان، مولفہ ڈاکٹر شہریار تقوی)

تاریخی حقائق سے یہ بھی پتہ چلتاہے کہ ہندوستانیوں کے مقابلے میں ایرانیوں نے فرہنگ نویسی اور لغت نگاری میں کوتاہی کا مظاہرہ کیاہے۔ جس کا شکوہ عظیم لغت نگارڈاکٹر محمد معین کرتے ہوئے تحریر کرتے ہیں:

چونکہ ایرانیوں کی مادری زبان تھی لہذا انھوں نے لغت نگاری کی چنداں ضرورت محسوس نہیں کی جیسے عرب نے عربی لغت نگاری میں تساہلی سے کام لیا تھا مگرچونکہ عربی زبان ایرانیوں کی مذہبی زبان تھی لہٰذا ایرانیوں نے عربی لغت تدوین کرنے کا بیڑا اٹھایا۔۔۔۔ ایرانیوں کی اسی عدم توجہی کے باعث ہندوستانی دانشوروں نے چونکہ ان کی سرکاری زبان فارسی تھی لہٰذافارسی لغات کی تدوین کی ضرورت کا احساس کرتے ہوئے تالیف کا عمل شروع کیاگرچہ ان کا یہ اقدام قابل تحسین ہے لیکن چونکہ اہل زبان نہ تھے لہٰذا غلطیاں بھی بہت نظر آتی ہیں۔

(مقدمہ لغتنامہ علی اکبر دھخدا، ص۴۱)

ہندوپاک کے دانشوروں کو خراج تحسین پیش کرتے ہوئے جلال الدین ہمائی رقمطراز ہیں: پرانے ہندوستان کے دانشوروں نے لغت نگاری کے حوالے سے جو خدمات انجام دی ہیں وہ ایرانیوں سے کہیں زیادہ ہیں۔۔۔یہ خدمات ویسے ہی ہیں جیسے عربی زبان کی ایرانیوں نے خدمت کیا تھا۔(فرہنگ نویسی در ہندوپاکستان مولفہ ڈاکٹر شہریار تقوی، ص ۱۱)

قدیم ہندوستان میں مورخین کے بیان کے مطابق ساتویں صدی ہجری سے لغت نویسی کا باقاعدہ آغاز ہو گیا تھا اور مسلسل اس تعلق سے دانشوروں نے خدمات انجام دیں لیکن اس سلسلے کا سب سے زرین دور گیارہویں صدی کو کہا جاسکتا ہے جس میں یہ کام بام عروج پر پہنچا۔

ہندوستان میں لغت نگاری کی تاریخ کو تین ادوار میں تقسیم کیا جاسکتا ہے:

.۱ساتویں صدی سے نویں صدی ہجری تک: اس دور میں لغت نگار دانشوروں نے الفاظ جمع کرنے پر زیادہ توجہ اور جدیت سے کام لیا اور یہ کوشش کرتے تھے کہ ہر نئی لغت مواد کے اعتبار سے پرانی لغت سے جدا و ممتاز رہے، اس دور کے مولفین چونکہ شعر سے زیادہ دلچسپی رکھتے تھے لہذا شاہد مثال کے طور پر اشعار زیادہ درج کیا ہے۔

.۲مغلیہ دور سے تیرہویں صدی تک: اس دور میں لغت نگاری میں اک نیا طریقہ پیدا ہوا، الفاظ کی جمع آوری کے ساتھ ساتھ تحقیق و تنقید پر بھی توجہ مبذول کی گئی، چنانچہ اس دور میں فارسی کو کافی حد تک ارتقا حاصل ہوا۔

.۳دور جدید یعنی چودھویں صدی ہجری: اس دور میں چونکہ مغلیہ سلطنت کی

بنیادیں متزلزل ہو گئی تھیں اور ہندوستان پر انگلستان کا قبضہ بڑھتا جا رہا تھا سیاسی اتھل پتھل نے مسلمانوں کے تمدن، زبان اور فارسی ادب کو بھی متاثر کر دیا کیونکہ انگریز فارسی کے بجائے اپنی زبان رائج کرنا چاہتے تھے لیکن یہ کوشش مکمل طور پر کامیاب نہ ہو سکی مسلمانوں نے اپنی زبان و تمدن کو انگریزوں کے عفریتی پنجوں سے بچا لیا جس کے نتیجے میں متعدد زبانوں کا ایک مجموعہ اردو کے نام سے سامنے آیا۔ (فرہنگ نویسی در ہندو پاکستان مولفہ ڈاکٹر شہریار تقوی، ص ۲۴)

ہندوستان میں پہلی لغت جو فارسی زبان میں لکھی گئی وہ فرہنگ قواس ہے جس کو علاء الدین محمد شاہ کے درباری شاعر مولانا محمد فخر الدین مبارک شاہ غزنوی معروف بہ کمانگر یا قواس نے تالیف کیا تھا یہ کتاب نو سو چالیس صفحات پر مشتمل ہے جو بھوپال کی حمیدیہ لائبریری میں موجود ہے یہ نسخہ مولانا نظام الدین فرماندار احمد آباد گجرات کے ہاتھوں کا لکھا ہوا ہے۔

(نامہ فرہنگستان، ج ۱، شمارہ ۶۰، مقدمہ برہان قاطع، ص ۴۷)

مجلہ آئینہ میراث، ص ۱۰۶ پر علیم اشرف خان کا یہ جملہ اس کی تائید کرتا ہے: ہندوستان کے مشہور دانشور قاضی عبد الودود کے بقول ہندوستان میں تالیف ہونے والی قدیم ترین فارسی لغت 'فرہنگ فخر قوامی' ہے لیکن ابھی ماضی قریب میں پروفیسر نذیر احمد نے ایک نئی لغت کا انکشاف کیا ہے جو اس سے بھی زیادہ قدیمی ہے جس کا نام 'فرہنگ قواس' ہے۔

(روزنامہ اطلاعات، ۱۶ امرداد، سال ۱۳۹۲)

ہم یہاں پر چند اہم قدیم ترین کتب لغت کے اسماء درج کر رہے ہیں: فرہنگ

قواسی مولفہ محمد فخر الدین مبارک شاہ، دستور الافاضل مولفہ مولانا رفیع دہلوی، بحر الفضائل مولفہ مولانا فضل الدین محمد بن قوام، مؤید الفضلا مولفہ مولانا محمد ابن لاد، ادات الفضلا مولفہ قاضی بدر الدین دہلوی، مجموع اللغات مولفہ ابو الفضل، فرہنگ جہانگیری مولفہ جمال حسین انجو، برہان قاطع مولفہ محمد حسین برہان تبریزی، فرہنگ رشیدی مولفہ عبد الرشید تقوی، لغات عالم گیر فاضل محمد دہلوی، سراج اللغات سراج الدین علی خان آرزو، چراغ ہدایت سراج الدین علی خان آرزو۔

چند فارسی لغات کا تعارف:

ہندوستان میں فارسی زبان وادب کا رواج صدیوں پرانا ہے، فارسی زبان کے رائج ہونے کے بعد لغت نویسی کی ضرورت کے پیش نظر ہندوستانی دانشوروں نے نہایت تن دہی سے اس کام کو انجام دیا، سلاطین ہند کی ادب نواز اور علم پرور طبیعت نے دل کھول کر ایسے افراد کی حمایت واعانت کی جس کے نتیجے میں آسودہ خاطر ہو کر بڑے وسیع پیمانے پر یہ کام انجام پایا اور لغات کی ایک طویل فہرست فارسی ادب کی کتابوں میں ملتی ہے، ہر ایک کتاب کے جداگانہ تعارف کے لیے پوری ایک کتاب نا کافی ہو گی مگر مضمون کی افادیت کے پیش نظر کچھ کتب کا اجمالی تعارف ہدیہ قارئین کرام کیا جا رہا ہے۔

.ا بہار عجم: دوسرے دور میں ہندوستان میں تالیف ہونے والی یہ لغت لالہ ٹیک چند بہار نے مرتب کیا تھا اس کتاب کی خصوصیت یہ ہے کہ اس میں تقریباً دس ہزار مفردات، مرکبات ومثالوں کو درج کیا ہے اور اکثر معنی بیان کرنے میں اشعار سے استفادہ کیا ہے۔ دوسری خصوصیت یہ ہے کہ بعض امثال، کنایات اور فارسی

عبارات ایسی ہیں جو اس سے قبل کی لغات میں مذکور نہیں ہیں۔

مقدمہ میں لالہ ٹیک چند نے تحریر کیا ہے: یہ ذخیرہ ہے لغت واصطلاحات کا جس کو مروجہ کتب، معتبر شروح متقدمین کے دیوان ومثنویات سے حاصل کیا ہے۔

(پژوہشنامہ علوم انسانی، ص۲۸)

شاید اسی تحقیق وجستجو کا نتیجہ تھا کہ یہ لغت بعد کے لغت نویس دانشوروں کے لیے عظیم سرچشمہ علم قرار پائی جس کے سبب مولف کی زندگی میں ہی متعدد مرتبہ طبع ہوئی۔ مولف آصف اللغات بہار عجم کی جامعیت کے حوالے سے بیان کرتے ہیں: متعدد مفردات اور بہت سے مرکبات درج کیا ہے، اکثر الفاظ میں متقدمین ومتاخرین سے متعدد اسناد ذکر کیے ہیں جس سے مرکبات میں تازگی نظر آتی ہے... اس کی جامعیت سے اندازہ ہوتا ہے کہ بہت سے اساتذہ فن کے کلام یکجا کر دیا ہے۔

(آصف اللغات، ج۱، ص۵)

اس کتاب کی عظمت کے لیے اتنا ہی کافی ہے کہ تکمیل تدوین سے لے کر ہمیشہ یہ کتاب ادبی دنیا میں سنگ میل کی حیثیت رکھتی تھی، متاخرین نے اس کتاب سے بھرپور استفادہ کیا ہے، فرہنگ آنند راج، لغتنامہ دھخدا، فرہنگ نفیسی، فرہنگ معین جیسی عظیم کتابوں میں بہت سے مفردات ومرکبات کی تشریح کو من وعن نقل کر دیا گیا ہے۔

سراج اللغات: سراج الدین علی خان آرزو نے تالیف کیا ہے، ہندوستان میں فارسی لغت نگاری کے ارتقا میں اہم رول ادا کیا ہے، انھیں نے سب سے پہلے زبان

شناسی کے فارمولے اور فارسی و سنسکرت زبان کے درمیان کے روابط کو واضح کیا اور نہایت اہم اقدامات کیے۔

آپ نے دو کتابیں علم لغت میں تالیف کیا تھا۔(۱) چراغ ہدایت (۲) سراج اللغات، اول الذکر کتاب مختصر مگر دوسری کتاب محمد شاہ کے دور میں ۱۱۴۷ھ میں تالیف کیا۔

ڈاکٹر شہریار تقوی تحریر کرتے ہیں: سراج اللغات باوجودیکہ اہم و عظیم اور نہایت قیمتی لغت تھی مگر کبھی طبع نہیں ہو سکی کہا جاتا ہے کہ کرناٹک کے ایک نواب کے دور میں طبع ہوئی تھی مگر اس کا کوئی نسخہ کہیں موجود نہیں ہے۔

(فرہنگ نویسی در ہند و پاکستان، ص ۱۱۲)

اس لغت میں مولف نے ثقافتی مباحث کے ساتھ ساتھ اعلام جغرافیائی اور تاریخی بھی درج کیے ہیں۔

فرہنگ آنند راج: مولفہ محمد بادشاہ فرزند غلام محی الدین، یہ کتاب آنند نامی بادشاہ کی تشویق پر ترتیب پائی تھی اس میں اس دور میں استعمال ہونے والے عربی، فارسی، ترکی، مغلی اور ہندی الفاظ درج ہیں، کتاب کی تدوین میں گذشتہ مصنّفین کے تجربات و طریقوں سے خوب استفادہ کیا ہے۔

الفاظ کا تلفظ، قواعدی مباحث، مختلف معانی کو جدا جدا لکھنا، معنی مجازی و کنایہ کی تشخیص، عروض و بدیع کی اصطلاحات کا اندراج اس کی اہم خصوصیات ہیں۔

یہ لغت تئیس ابواب پر مشتمل ہے، اس کتاب میں الف ممدودہ اور ہمزہ کے درمیان کا امتیاز نظر نہیں آتا ہے، مولف نے الفاظ فارسی کے ریشہ و اصل کے بیان

پر زیادہ توجہ دیا ہے مگر بعض مقامات پر اصل بیان کرنے میں سہو کے مرتکب ہو گئے ہیں اور علمی مباحث سے گریز کرتے ہوئے صرف گمان پر بھروسہ کیا ہے۔

فرہنگ جہانگیری: ۱۰۱۷ھ میں تالیف ہوئی جو ایک بہترین وجامع ترین لغت ہے، مصنف جمال الدین حسین انجو اکبر بادشاہ کے دربار کے امرا میں سے تھے، اس میں ترپن لغات سے استفادہ کیا گیا ہے، اور بعض الفاظ و مفردات جو خود ان کی تحقیق کا نتیجہ ہیں درج ہیں۔ وہ خود بیان کرتے ہیں: میں نے بعض ایسے کلمات بھی درج کیے ہیں جس کا وجود دیگر کتب لغت میں نہیں ملتا ہے اس کے لیے تحقیق کی ضرورت تھی کہ ان مناطق میں بسنے والے ادبا سے استفسار کیا جائے۔

لغت کی ترتیب پسندیدہ نہیں ہے کیونکہ ہر کلمہ کے دوسرے حرف کو باب اور پہلے حرف کو فصل کا عنوان دیا ہے اسی وجہ سے اس پر بہت زیادہ توجہ نہیں کی جاتی ہے(www.fa.wikipedia,org/ wiki/ فارسی زبان در ہند)

فرہنگ رشیدی: عبد الرشید حسینی سندھ کے رہنے والے تھے انھوں نے فارسی کلمات و مفردات کے بارے میں اچھی تحقیق پیش کیا ہے وہ خود تحریر کرتے ہیں:

چونکہ میں نے دو عظیم لغت کا مطالعہ کیا 'فرہنگ جہانگیری' و 'سروری' دونوں میں ایسے امور نظر آئے جن سے اجتناب ضروری تھا۔ (۱) دونوں لغت میں بے جا تفصیل، بے حاصل عبارات کی تکرار اور غیر ضروری اشعار کی کثرت سے پر ہیں۔ (۲) بعض الفاظ کی تصحیح، اعراب کی وضاحت، معنی کی تنقیح کماحقہ نہیں کی گئی ہے جو ضروری تھی۔ (۳) اغلاط و اشتباہات کی زیادتی۔

(فرہنگ نویسی در ہند و پاکستان، ص ۱۰۲)

برہان قاطع: مولفہ محمد حسین متخلص بہ برہان، ۱۰۶۲ھ میں ترتیب حروف تہجی کی رعایت کے ساتھ تدوین عمل میں آئی ہے، اس کتاب کو مصنف نے گولکنڈہ کے بادشاہ سلطان عبد اللہ قطب شاہ کے نام سے معنون کیا ہے، اس لغت کو خوب شہرت ملی اور کئی مرتبہ طبع ہوئی۔

قاطع برہان: ۱۲۷۸ھ میں اسد اللہ خان غالب نے برہان قاطع کی تصحیح کے عنوان سے ترتیب دیا تھا، در اصل غدر کے ایام میں جب غالب خانہ نشینی پر مجبور ہوگئے تو ان کے پاس صرف برہان قاطع نامی کتاب تھی لہذا اسی کے مطالعے میں مصروف ہوگئے اور دوران مطالعہ جہاں کہیں بھی برہان قاطع کے مندرجات سے اختلاف کرتے تھے یا جہاں کہیں بھی اعتراض نظر آتا اس کی اصلاح کی غرض سے حاشیہ نویسی شروع کر دیا اور بغیر کسی لغت کے سہارے ذاتی معلومات کی بنیاد پر ایک سو انیس غلطی کی نشاندہی کیا۔

منابع

۱ آصف اللغات

۲ پژوہش نامہ علوم انسانی

۳ روزنامہ اطلاعات

۴ فرہنگ معین

۵ فرہنگ نویسی در ہند و پاکستان

۶ مقدمہ لغتنامہ دھخدا

۷ مقدمہ برہان قاطع

۸مجلہ آئینہ میراث

۹نامہ فرہنگستان

۱۰زبان فارسی در ہند www.fa.m.wikipedia.org/wiki

***

۲

ہندوستان اور ازبکستان:

سماجی اور تہذیبی روابط

ابوسعد اعجاز

بیسوی صدی کی آخری دہائی کے اوائل میں سوویت یونین کا شیرازہ بکھرنے کے بعد وسط ایشیائی ممالک ایک عجیب و غریب آزمائش کے دور سے گزر رہے تھے۔ جدید دور کی نئی سرحدوں کے بیچ مختلف لسانی اور تہذیبی وراثت کے حامل ممالک کا وجود عمل میں آیا۔ ان ممالک کی اہمیت مختلف وجوہ کی بنا پر مسلم تھی جو اپنے وجود کو منوانے کی صلاحیت کی تمام تر خوبیوں سے آراستہ تھے۔ وسط ایشیائی ممالک، خاص کر قزکستان، ازبکستان اور کرغستان میں بہت سی قدرتی معدنیات کا ذخیرہ موجود ہے۔

وسط ایشیا دنیا کی قدیم لسانی، تہذیبی آماجگاہ ہے۔ یہاں کی تہذیب نے دنیا پر اپنے نقوش چھوڑنے کے ساتھ ساتھ اپنے رنگ میں رنگنے کی کامیاب کوشش بھی کی ہے۔ اس خطے سے نہ جانے کتنے تاریخی قصے کہانیاں وابستہ ہیں۔ اسی سرزمین سے

سگدینا تہذیب کا عروج ہوا، اسی سرزمین سے البیرونی (۱۰۴۸ھ-۹۷۳ء) جیسا عالم، امام بخاری (۸۱۰-۸۷۰) جیسا مستند محدث، امام ابو حنیفہ جیسا جید فقیہ، ابن سینا)(۹۸۰-۱۰۳۷)جیسا جدید میڈیکل سائنس کا موجد، موسیٰ الخوارزمی (۷۸۰-۸۵۰) جیسا ماہر حساب داں، الغ بیگ (۱۳۴۴-۱۴۴۹)جیسا ہئیت داں اور علی شیر نوائے (۱۴۴۱-۱۵۰۱)جیسا شاعر پیدا ہوا۔ البیرونی نے نہ صرف اپنے پڑوسی ممالک کی سیر وسیاحت کی، بلکہ وہاں کے مذہبی، سماجی، ثقافتی، تاریخی اور روایتی علوم پر تحقیق بھی کی اور 'کتاب الہند' جیسی شہرۂ آفاق کتاب لکھ کر وسطی ایشیا میں ہندوستان کو متعارف کرایا۔

ازبکستان وسط ایشیائی ممالک سے چاروں طرف سے گھرے ہونے کے ساتھ ساتھ ایک منفرد مقام رکھتا ہے۔ امو اور سیر دریا کے بیچ واقع یہ ملک تقریباً ۴۴ مربع کلومیٹر رقبے پر محیط ہے۔ اس خطے میں بہت سے مشہور شہر آباد ہیں جیسے بخارا، سمرقند، فرغنہ، خیوہ اور خوارزم وغیرہ۔ قدیم ریشمی شاہراہ اسی خطے سے ہو کر گزرتی ہے جس پر تجارتی قافلوں کے ساتھ ساتھ تہذیب و ثقافت کا سفر رواں دواں رہا۔ آج کا ازبکستان جس کے کرشمائی اور دلفریب مناظر کو سیاح کی نگاہیں دیکھ کر لطف اندوز ہونے کے ساتھ ساتھ ازبک پلاؤ اور سبز چائے سے خود کو محظوظ کرتی ہیں۔

انیسویں صدی کے اواخر اور بیسویں صدی کے شروعاتی دور میں ہندوستانیوں کی ایک بڑی تعداد وسط ایشیائی ممالک میں سکونت پذیر رہی ہے۔ ایک اندازے کے مطابق سات سے آٹھ ہزار کے درمیان ہندوستانی وہاں آباد تھے جس میں غالب اکثریت سندھ، پنجاب اور ملتان کی تھی ان میں ہر مذہب کے لوگ پائے جاتے

تھے۔

ہندوستان اور ازبکستان کے بیچ تہذیبی اور ثقافتی روایت صدیوں پرانی ہے۔ صدیاں گزرنے کے بعد بھی اس رشتے کا رنگ مدہم نہیں ہوا۔ سیاسی، تجارتی اور عصری دانشوری کی روایت کے آثار ہر جگہ ہمیں نظر آتے ہیں۔ ہندوستان اور وسط ایشیا میں نمایاں طور پر مذہب کو اولیت حاصل ہے جن میں بدھ مذہب اور صوفی ازم زیادہ اہمیت کے حامل ہیں۔ بدھ مذہب جو انسانی قدروں کا پاسدار ہے، ہندوستان میں پیدا ہوا لیکن ہندوستان کے باہر پروان چڑھا۔ یہ مذہب اپنے پیروؤں کے ذریعہ مذہبی اصولوں اور اخلاقی قدروں کے ساتھ ساتھ ہندوستانی تہذیب وثقافت کے علاوہ یہاں کی زبانوں کو بھی اپنے ساتھ دنیا کے مختلف حصوں میں لے گیا۔ اس ضمن میں یہ کہنا غلط نہ ہوگا کہ بدھ مذہب کی تعلیمات نے ہندوستانی زبانوں، رسم الخط اور فلسفہ کو پروان چڑھانے میں اہم کردار ادا کیا ہے۔

روایتی رشتوں کی بنیادیں آٹھویں صدی کے نصف اول میں عباسی خلافت کے وجود میں آنے کے ساتھ ساتھ شروع ہوئی ہیں۔ اس زمانے میں تجارتی اور تہذیبی رشتوں کو جلا ملی۔ دہلی سلطنت اور مغل شہنشاہ خاص کر التمش، محمد بن تغلق اور جلال الدین محمد اکبر نے اپنے زمانے میں علوم وفنون کے ماہر لوگوں کو اپنے دربار میں اعلیٰ مقام پر فائز کیا۔ انہیں زمانوں میں فارسی، سنسکرت اور ترکی زبانوں کے بہت سے کاموں کا ترجمہ ہوا۔

مغل فرمانروا اپنی سرحدوں کو مسلسل وسعت دینے کے ساتھ ساتھ اپنے عہد کے علوم وفنون کی ترقی سے کبھی غافل نہیں رہے۔ انہوں نے جہاں دنیا بھر کے علماء

ودانشوروں سے استفادہ کیا وہیں وسط ایشیا کے علماء ودانشوروں سے چشم پوشی نہیں کی، بلکہ ان کے علم سے بھی فائدہ اٹھایا۔ اس کی ایک وجہ یہ بھی ہو سکتی ہے کہ ان حکمرانوں کا نسبی تعلق بھی انہیں خطوں سے تھا۔

صوفی ازم زندگی گزارنے کا ایک روحانی تصور پیش کرتا ہے جس کے توسط سے ہم خدا تک رسائی حاصل کرتے ہیں۔ چشتیہ، سہروردیہ، قادریہ اور نقشبندیہ سلسلے صوفی ازم کے اہم سلسلے گردانے جاتے ہیں۔ ان تمام کا وجود کہیں نہ کہیں وسط ایشیائی ممالک میں ملتا ہے اور ہندوستان میں اس کو خندہ پیشانی کے ساتھ قبول کیا جاتا ہے۔ صوفی ازم مذاہب اور تہذیبوں کے بیچ ربط کا کام سرانجام دینے کے علاوہ امن اور بھائی چارگی کو فروغ دینے میں ایک امتیازی حیثیت کا حامل ہے۔ تمام صوفی امن کے پیغامبر ہونے کے ساتھ ساتھ روحانی اور اخلاقی قدروں کو پروان چڑھانے میں یقین رکھتے تھے۔ ان کی خانقاہیں تمام مذاہب کے ماننے والوں کے لیے یکساں طور پر کھلی رہتی ہیں۔ ہندوستان میں صوفی ازم کے ابتدائی نقوش وسط ایشیائی ممالک سے ملتے ہیں۔ خواجہ سید جلال الدین، حمید الدین ناگوری، بختیار کاکی، فرید الدین گنج شکر، حضرت نظام الدین اولیا، بابا حاجی علی بخاری اور امیر خسرو کے اجداد کا تعلق ان ہی ممالک سے رہا ہے۔

ہندوستان میں بہت سی دستاویزی اصطلاحات بھی وسط ایشیائی زبانوں سے مستعار لی گئی ہیں۔ جیسے فرمان، فتح نامہ، مثال، تمغہ، حکم، منشور، نشان، مہر اور ایلچی کے علاوہ بہت سے ہتھیاروں کے نام بھی ہم استعمال کرتے ہیں، جیسے توپ، توپچی، بندوق وغیرہ۔ مغلئی کھانے اپنے آپ میں ایک الگ قسم کا ذائقہ رکھتے ہیں جو

ہندوستان میں مغل حکمرانوں کے مرہون منت ہیں۔ یہ طرز طباخی وسط ایشیا میں ترکوں نے متعارف کرایااور اس کے بعد ہندوستانی سرحد میں داخل ہوئی۔ یہاں تک کہ ہندوستان نے ذائقہ کے ساتھ ساتھ ناموں تک کو اپنے یہاں رائج کر لیا، جیسے قورمہ، پلاؤ، قلفی، باقرخانی، حلوا، قیمہ، چائے، سموسہ وغیرہ۔ کھانوں کے علاوہ ہم مختلف سماجی ناموں کو بھی استعمال کرنے لگے جیسے دادا، بابا، باجی، آقا، آپا، خاتون وغیرہ۔

وسط ایشیا میں ہندوستان کے نامور شعرا اور مصنفوں کو قدر کی نگاہ سے دیکھا جاتا تھا اور آج بھی نئے ناموں کو وہاں عزت کی نگاہ سے دیکھا جاتا ہے۔ بہت ساری نظموں اور کہانیوں کو ازبک میں اور وسط ایشیائی زبانوں کے ادب کا اردو میں ترجمہ کیا گیا۔ ہندوستانی مصنف جن کو قدر و منزلت کی نگاہ سے دیکھا جاتا ہے ان میں مہاتما گاندھی، رابندرناتھ ٹیگور، جواہر لال نہرو، علی سردار جعفری، سجاد ظہیر اور خواجہ احمد عباس قابل ذکر ہیں۔ ان کو وہاں پسند کرنے کی کئی وجوہات تھیں ایک تو وہ دور اشتراکی نظام کو اپنے اندر سمیٹے ہوئے تھے مزید یہ کہ ان میں سے بیشتر اشتراکی نظام کے پروردہ تھے۔ اس فکر کے مفکر دنیا میں کہیں بھی ہوں اشتراکی نظام حکومت میں ان کی اہمیت تسلیم کی جاتی تھی۔ یہی وجہ ہے کہ ۱۹۴۷ میں ہندوستان آزاد ہونے کے ساتھ ہی ہندوستان کا جھکاؤ سوویت یونین کی طرف زیادہ تھا۔

ہندوستانی فلمیں صرف ہندوستان ہی میں ہی نہیں بلکہ ہندوستان کے باہر بھی اپنی پہچان بنانے میں کامیاب رہی ہیں۔ وسطی ایشیائی ممالک بھی اس کے سحر سے اچھوتے نہیں رہے۔ وسط ایشیائی ممالک خاص کر ازبکستان میں ہندوستانی فلموں اور

نغموں کو بڑے شوق سے دیکھا اور سنا جاتا ہے۔ جس طرح سے ہندوستانی عوام اپنے محبوب سپر اسٹارز کو دل کے قریب رکھنے کے ساتھ ساتھ ان کے انداز کو اپناتے ہیں اسی طرح ازبکستان کی عوام بھی ان کو سر آنکھوں پر بٹھاتے ہیں۔ ہماری فلموں کے بہت سے ایسے نام ہیں جن کی قدر و منزلت دونوں ملکوں میں ایک جیسی ہے راج کپور، نرگس دت، سنیل دت، دلیپ کمار، سلمان خان، شاہ رخ خان، امیتابھ بچن، رانی مکھرجی اور عامر خان کے نام قابل ذکر ہیں۔ ازبکستان میں فلمی نغمہ 'میرا جوتا ہے جاپانی' ہر خاص و عام کی زبان پر اپنی نغمگی کا احساس دلاتا ہے۔ آج بھی ازبکستان میں ہندوستانی فلموں کی نمائش بڑے پیمانے پر کی جاتی ہے اور وہاں کے سرکاری نیشنل چینل پر ہفتے میں کم از کم دو فلموں کی نمائش کا اہتمام کیا جاتا ہے۔

ہر دور میں تہذیبی و ثقافتی روابط کو ایک مضبوط ستون کے طور پر دیکھا جاتا ہے۔ تہذیب و ثقافت کے میدان خود اپنے آپ میں وسیع النظری، رواداری، اخوت اور محبت کی شکل میں اجاگر ہو کر لوگوں کے سامنے مثال بنتے ہیں۔ اس ضمن میں انسٹی ٹیوشن اور اکیڈمیاں ایک اہم کڑی سمجھی جاتی ہیں۔ ۱۹۵۵ میں ہندوستان نے ازبکستان میں اپنے کلچرل سنٹر کا افتتاح کیا جس کے تحت ازبکستان میں ہندوستان کی رنگارنگی کو بروئے کار لانے یا ازبکستان میں ہندوستان کی لسانی، تہذیبی، ثقافتی اور تاریخی جہتوں کو پروان چڑھانے کی ذمہ داری سونپی گئی۔ اس سنٹر نے ازبکستان میں مختلف تنظیموں کے ساتھ مل کر کام شروع کیا۔ اسی سنٹر کے تحت موسیقی اور رقص کے ساتھ ساتھ یوگا کی کلاسوں کا بھی اہتمام کیا گیا۔

ہندوستان کی آزادی کے بعد وسط ایشیائی ممالک کی جامعات میں ہندی اور اردو

کی تعلیم کا مناسب انتظام تھا۔ تاشقند یونیورسٹی اس لحاظ سے ایک منفرد مقام کی حامل ہے۔ اس کے علاوہ تاشقند یونیورسٹی میں شعبہ برائے انڈیالوجی بھی قائم ہے۔ اس شعبے میں نہ صرف زبانوں کی تدریس بلکہ وہاں پر ہندوستانی تاریخ وثقافت کی بھی تعلیم دی جاتی ہے۔ اس ضمن میں ۱۹۶۲ میں پہلی بار ڈاکٹر قمر رئیس کو اردو اور ڈاکٹر بھولے ناتھ تیواری کو ہندی کے ماہر کے طور پر تقرر کیا گیا تھا۔ آج شعبہ برائے مطالعات شمالی ایشیا تاشقند یونیورسٹی میں ہندوستانی زبانوں کا مطالعہ کیا جاتا ہے، ساتھ ہی ہندوستان میں مختلف جامعات میں مطالعات برائے وسطی ایشیا کے شعبے اپنے فرائض سرانجام دے رہے ہیں ان میں خاص کر جامعہ ملیہ اسلامیہ میں شعبہ برائے بین الاقوامی مطالعات، جواہر لال نہرو یونیورسٹی میں اسکول برائے بین الاقوامی مطالعہ، علی گڑھ مسلم یونیورسٹی، ممبئ یونیورسٹی، جموں یونیورسٹی، کشمیر یونیورسٹی کے علاوہ بہت سارے سنٹر اپنے فرائض کو انجام دے رہے ہیں جس میں تاریخ وثقافت، سیاسی، معاشی، غرض شعبہ ہائے زندگی کے ہر پہلو پر تحقیق وتدریس کا کام انجام دیا جاتا ہے۔ یہ سلسلہ یہیں ختم نہیں ہوتا بلکہ جامعہ ملیہ اسلامیہ میں ازبک زبان میں سرٹیفکیٹ اور ڈپلوما کا کورس بھی کرایا جاتا ہے۔

۱۹۶۵ کی ہندوستان اور پاکستان کی جنگ کے دوران سوویت یونین کی مداخلت کی وجہ سے موجودہ ازبکستان کے دارالخلافہ تاشقند میں ایک امن معاہدہ کے لیے دونوں ممالک کے رہنما تیار ہوئے جس میں ہندوستان کی جانب سے اس وقت کے وزیر اعظم جناب لال بہادر شاستری اور پاکستان کی جانب سے جنرل یحییٰ نے امن معاہدہ پر دستخط کیے۔ اس امن معاہدہ کی وجہ سے تاشقند کو امن کا شہر اور بھائی

چارگی کی علامت کے طور پہ دیکھا جانے لگا۔ تاشقند سمجھوتے کے بعد ہندوستان اور ازبکستان کے بہت سے شعرا نے منظوم خراج عقیدت بھی پیش کیا جس کو 'ارمغان تاشقند' کے نام سے شائع کیا گیا۔

سوویت یونین کے بکھراؤ کے بعد وسط ایشیائی ممالک میں لسانی، تہذیبی اور نسلی بنیاد پر الگ الگ ملک کا وجود عمل میں آیا۔ پوری دنیا نے اس خطے کو اپنی خارجہ پالیسی کے تحت اپنے سماجی، ثقافتی، سیاسی، معاشی رشتوں کو عملی جامہ پہنانے کی کوشش کی۔ ہندوستان نے بھی اس عمل کو بروئے کار لانے کی کوشش کی اسی کی وجہ سے ازبکستان کے صدر کا پہلا بیرون ملک سفر ہندوستان کا تھا جس سے دونوں ممالک کے درمیان سفارتی، سیاسی، معاشی، ثقافتی، تہذیبی رشتوں کو جلا ملی اور آج بھی یہ رشتے اپنی کامیابی کی طرف گامزن ہیں۔ اسی کڑی میں انڈین کونسل فار کلچرل ریلیشن کے تحت ہر سال ازبکستان کے طلبہ کو ہندوستان میں تعلیم حاصل کرنے کے لئے وظیفہ دیا جاتا ہے جس سے وہ طلبہ ہندوستانی جامعات میں اعلیٰ تعلیم حاصل کرنے کا سنہرا موقع پاتے ہیں۔ ۲۰۱۳-۱۴ کے سیشن میں ۱۴ طلبہ کو وظیفہ دیا گیا۔ ساتھ ہی ساتھ ICET کے تحت ٹکنیکل تعلیم کے لیے بھی وظیفہ کا انتظام ہے۔ ICET نے وظیفہ کی تعداد کو بڑھا کر ۱۵۰ تک کر دیا ہے۔ جس کا فائدہ وہاں کے طلبہ کو براہ راست مل رہا ہے۔

۲۰۰۳ میں ہندوستان اور ازبکستان کے ثقافتی رشتوں کو مضبوط کرنے کے مقصد کے تحت ایک دوطرفہ پرگرام کا انعقاد کیا گیا اسی ضمن میں تاشقند میں ایک نمائش کا انعقاد کیا گیا جس میں ہندوستانی موسیقی اور اس کے ساز وسامان کے علاوہ

ہندوستان کی مشہور مدھوبنی پینٹنگ کی نمائش کی گئی جس کی وہاں کی عوام نے دل کھول کر پذیرائی کی۔ ۲۰۰۵ میں ہندوستانی موسیقی گروپ نے وہاں کے مشہور کلچرل میلے 'شرق' میں شرکت کی۔ ساتھ ہی ساتھ ازبکستان کی تہذیبی و ثقافتی وراثت کو پروان چڑھانے میں اہم کڑی اور عوامی اسٹیج کی نئی پہچان 'سگدینا' آرکیسٹرا کے ایک گروپ نے ہندوستان کے مختلف شہروں میں اپنے فن کا مظاہرہ کیا۔ ۲۰۱۳ میں ازبکستان کا ایک ڈانس گروپ، ہندوستان کے صوبہ ہریانہ کے سورج کنڈ میلے میں اپنے فن سے لوگوں کے دلوں میں اپنی چھاپ چھوڑنے میں کامیاب رہا۔

غرض وسط ایشیائی ممالک بالخصوص ازبکستان کی تہذیب و ثقافت، عادت واطوار وغیرہ ہندوستان کی تہذیب و ثقافت اور عادت و اطوار میں ایک حد تک یکسانیت پائی جاتی ہے اور یہی وہ چیزیں ہیں جو دونوں ملکوں کو ایک دوسرے سے قریب تو کرتی ہی ہیں اور ساتھ ہی ایک دوسرے کو سمجھنے میں مددگار بھی ثابت ہوتی ہیں۔ اس کا اثر دونوں ملکوں کے درمیان بخوبی دیکھنے کو ملتا ہے اور آئندہ بھی اس کی مثالیں ملتی رہیں گی۔

***

۳

نظیر اکبر آبادی اور ہندوستانی تیوہار

اسما

پوری اردو شاعری میں زبان و بیان پر بھرپور دسترس، الفاظ کے استعمال پر قدرت اور تہذیبی عناصر کی پیشکش کی جادوگری میں نظیر اکبر آبادی، میر، سودا، ذوق، غالب، آتش، ناسخ، انیس اور جوش ملیح آبادی کی صف میں شامل ہیں۔ معمولی موضوعات کو غیر معمولی انداز میں پیش کرنے کا ہنر ان کی انفرادیت کی روشن مثال ہے۔ انھوں نے اپنی خداداد صلاحیت اور فکری و فنی امتیازات کی بنا پر شہرت دوام حاصل کی اور اپنے آپ میں ایک نابغہ روزگار کہلانے میں حق بجانب ٹھہرے۔

نظیر اکبر آبادی کی بنیادی حیثیت ایک شاعر کی ہے۔ انھوں نے انسانی زندگی کے تمام شعبۂ حیات کا نہ صرف گہرائی و گیرائی اور باریک بینی سے مطالعہ ومشاہدہ کیا بلکہ انسان کو کامیاب اور خوشگوار زندگی جینے کا سلیقہ وہنر بھی سکھایا۔ ان کی شاعری گل و بلبل، عشق و محبت کے فسانے سے بہت آگے انسانی زندگی کی مکمل تصویر کشی سے عبارت ہے۔ جس میں ہر مکتبۂ فکر، طبقے اور مذہب کے ادنیٰ و اعلیٰ، امیر و غریب

سبھی لوگ اپنے خدوخال کو بآسانی دیکھ سکتے ہیں۔

نظیر نے غزلیں بھی لکھیں اور نظمیں بھی، لیکن جس چیز نے نظیر کو لافانی اور بے نظیر گردانا وہ ان کی نظمیں ہیں۔ جس کا اعتراف مختلف نقادوں اور دانشوروں نے بھی کیا۔ اس سلسلے میں پروفیسر مجنوں گورکھپوری نظیر کو ان کی نظموں کے بل پر زندہ تسلیم کرتے ہوئے لکھتے ہیں: "سب سے پہلی بات جو پہلی ہی نظر میں معلوم ہو جاتی ہے وہ یہ ہے کہ اگر قصائد و مثنویات کو نظم میں شمار نہ کیا جائے اور نظم کی اصطلاح کو جدید معنوں میں استعمال کیا جائے تو نظیر اکبر آبادی اردو کے پہلے نظم نگار ہیں۔"

درج بالا اقتباس اس بات کا غماز ہے کہ نظیر کی نظمیں انھیں اردو شاعری میں ایک مستقل دور کا بانی قرار دینے میں معاون و مددگار ہیں۔ نظیر کو اپنے وطن سے والہانہ لگاؤ اور اس کی مٹی سے بے لوث محبت تھی۔ جس کی بنا پر اگر انھیں خالص ہندوستانی شاعر کہا جائے تو بے جا نہ ہوگا۔ ہندوستان کی زندگی، تہذیب و ثقافت، رسم و رواج، تیوہار اور مقامی رنگ و آہنگ وغیرہ ان کی شاعری کے لازمی جز ہیں۔

نظیر اردو کے پہلے ایسے شاعر ہیں جن کا کلام پڑھ کر ہندوستان کے حالات، طرز زندگی، رسم و رواج اور تیوہار کے متعلق تمام معلومات حاصل ہو جاتی ہیں۔ ہندوستان مختلف تہذیبوں کا گہوارہ کہا جاتا ہے۔ جہاں مخصوص کرداروں پر مشتمل مختلف طبقات اور جماعتیں ہیں جن کے مابین اتحاد و اتفاق، بھائی چارگی، آپسی رواداری اور قومی یکجہتی کی بہترین مثال تیوہاروں، تقریبوں جلسوں اور میلوں

ٹھیلوں کی شکل میں نمودار ہوتی ہے۔ جو عوام کی تفریح طبع اور مسرت کا ذریعہ ہی نہیں بلکہ ہندوستان کی مشترکہ تہذیب کی آئینہ دار بھی ہے۔ جس کے ذریعہ انسانی جذبات واحساسات، رسم ورواج، رہن سہن اور طرز معاشرت سے مکمل آگاہی ہو جاتی ہے۔ اردو شعرا نے کثرت سے ان موضوعات پر طبع آزمائی کی ہے مگر اکثریت ایسے شاعروں کی ہے جن کے یہاں یہ عناصر کلی طور پر ناپید ہیں۔ اس معنیٰ میں نظیر اکبر آبادی کی شاعری کا مطالعہ ناگزیر ہے۔ ان کے یہاں ہندوستانیت کے اجزا صرف ملے جلے ہی نہیں بلکہ پوری طرح رچے بسے نظر آتے ہیں۔

جس دور میں نظیر نے شاعری کی ابتدا کی وہ عہد ہندو مسلم اتحاد کی بہترین تصویر پیش کرتا ہے۔ ہندو، مسلمان اور دیگر مذاہب کے لوگ ایک دوسرے کے تیوہاروں، رسم ورواج اور میلوں ٹھیلوں میں شریک ہوتے، ایسے ہی ماحول میں نظیر کی شاعری پھلی پھولی اور پروان چڑھی جس کا رنگ و آہنگ تاعمر نظیر کی شاعری پر چھایا رہا۔ یہی وجہ ہے کہ جب ہم نظیر کی شاعری کا غائر مطالعہ کرتے ہیں تو یہ واضح ہوتا ہے کہ ان کی شاعری یک رخی نہیں بلکہ کثیر الجہات اور ہمہ گیر ہے۔

تیوہار خواہ کسی بھی مذہب وملت سے متعلق ہو ہر شخص بلا امتیاز مذہب وملت نہ صرف اس میں شریک ہو سکتا ہے بلکہ اپنی خوشی کا اظہار بھی کر سکتا ہے۔ یہ تیوہار انسانی زندگی میں بڑی اہمیت رکھتے ہیں۔ نظیر کا کمال یہ ہے کہ انہوں نے اپنی نظموں کے ذریعہ عوام کو مذہبی کٹر پن کے محدود دائرے سے نکال کر انسانیت کے بلند مرتبے پر گامزن کیا۔ نتیجتاً ہندوستانی نہ صرف سماجی نوعیت کے میلوں ٹھیلوں، صوفیوں کی عام محفلوں، عرسوں اور مزاروں کی زیارت میں شرکت کرنے

لگے۔ بلکہ بلا امتیاز و مذہب و ملت ایک دوسرے کے مذہبی تیوہاروں میں شریک ہو کر باہمی اتحاد اور رواداری کا ثبوت دینے لگے۔ اسی جذبے کے تحت اردو کے مسلمان شعرا نے ہولی، دیوالی، راکھی، جنماشٹمی، شیوراتری جیسے تیوہاروں اور شری رام چندر اور گرونانک جیسی شخصیات کی شان میں نظمیں لکھیں۔

نظیر کی سب سے اہم خوبی ان کی بے تعصبی، رواداری اور وسیع المشربی ہے۔ جس نے تفریق کی تمام دیواریں ڈھا دیں۔ ہندو، مسلم، سکھ، عیسائی سب ان کی نظر میں یکساں ہیں۔ انہوں نے جہاں عید، شب برات، بقر عید، حضرت سلیم چشتی پر جوش و ولولہ خیز نظمیں لکھیں وہیں ہولی، دیوالی، بسنت، نانک، اور کنھیا جی وغیرہ کی توصیف میں بھی ایسی ایسی نظمیں لکھیں جن کے مطالعے سے اندازہ ہوتا ہے کہ یہ کسی مذہبی ہندو کے دل سے نکلے ہوئے وہ نغمے ہیں جو بے پناہ عقیدت و ارادت میں ڈوبے ہوئے ہیں۔ یہی وجہ ہے کہ انھوں نے جن تیوہاروں، میلوں، ٹھیلوں، عرسوں اور تقریبوں پر نظمیں کہی ہیں وہ پر اثر ہونے کے ساتھ ساتھ اپنے آپ میں بے مثال ہیں۔ حتیٰ کہ ان کے یہاں عید، بقر عید، شب برات پر لکھی گئی نظموں سے کہیں زیادہ ہولی، دیوالی، بسنت، مہادیو جی، اور شری کرشن پر لکھی نظمیں ان کے جذبہ عقیدت کی مظہر ہیں۔

'عید' سے متعلق نظیر اکبر آبادی نے تقریباً ۴ نظمیں لکھیں جس میں اس تیوہار کی مذہبی حیثیت پر تو کوئی خاص توجہ نہیں ملتی البتہ اس پہلو سے قطع نظر صرف امید و رجا، وصل و ملاقات اور میل ملاپ کا پہلو نظر آتا ہے۔ نظیر نے تیوہاروں پر نظم لکھتے وقت انسانی نفسیات کا بھی گہرا مطالعہ و مشاہدہ کیا ہے اور جس نقطہ نظر کی

عکاسی کی اس میں سب برابر کے شریک رہے۔ یعنی ہر شخص اپنے مقام و مرتبے اور اپنی ذہنی سطح سے اس تیوہار کو اپنے مقصد کی تکمیل کا ذریعہ سمجھتا ہے۔ کسی کو تیوہار کے بہانے شراب و کباب وافر مقدار میں میسر ہوتی ہے تو کسی کو محبوب سے وصال، وہیں زاہد و عابد کے لیے یہ دن بھی ریاضت و عبادت کا دن ہے۔ اس بات کو نظیر نے بڑے حسین انداز میں پیش کیا ہے

ہے عابدوں کو طاعت و تجرید کی خوشی
اور زاہدوں کو زہد کی تمہید کی خوشی
رند عاشقوں کو ہے کئی امید کی خوشی
کچھ دلبروں کو وصل کی کچھ دید کی خوشی
ایسی ہے شب برات نہ بقر عید کی خوشی
جیسی ہر ایک دل میں ہے اس عید کی خوشی

نظیر چونکہ ایک عاشق مزاج اور خوش طبع شاعر بھی ہیں لہٰذا ان کی پوری توجہ محبوب سے ملاقات اور اس کے حسن کی خوبصورتی بیان کرنے میں صرف ہوتی ہے۔ عید پر لکھی گئی نظموں میں ایک نظم محبوب سے کیے گئے شکوے شکایت سے پر ہے۔ یعنی عید کے دن بھی نظیرؔ محبوب کے دیدار سے محروم ہیں۔ اس موقع پر ایک عاشق کے دل میں جو خیالات اس محرومی کے نتیجے میں پیدا ہوتے ہیں اس کی پوری عکاسی 'نظم عید' میں ابتدا تا آخر بیان کی گئی ہے۔ ایک بند دیکھیے:

یوں لب سے اپنے نکلے ہے اب بار بار آہ
کرتا ہے جس طرح کہ دل بے قرار، آہ

عالم نے کیا ہی عیش کی لوٹی بہار آہ
ہم سے تو آج بھی نہ ملا وہ نگار آہ
ہم عید کے دن بھی رہے امید وار، آہ

اس طرح پوری نظم شکایتوں کا پلندہ ہے۔ یہ نظم تیوہاروں سے متعلق نظیر کے نقطۂ نظر کی وضاحت کے حوالے سے بے حد اہم ہے۔ نظیر نے نظمیں لکھتے وقت اس کو مزید دلچسپ بنانے کے لیے جہاں نادر تشبیہوں اور استعاروں کا استعمال کیا ہے وہیں جگہ جگہ مزاح وظرافت کا بھی سہارا لیا ہے۔ جس سے قاری کی دلچسپی برابر قائم رہتی ہے اور بعض اشعار اور بند تو ایسے دلچسپ ہیں کہ ان کو پڑھ کر نہ صرف بے ساختہ لب مسکرا اٹھتے ہیں بلکہ شاعر کی خوش مزاجی پر داد دینے کو جی چاہتا ہے:

کوئی مست پھرتا ہے جامِ شراب سے
کوئی پکارتا ہے کہ چھوٹے عذاب سے
کلاّ کسی کا پھولا ہے لڈو کی چاٹ سے
چٹکاریں جی میں بھرتے ہیں نان وکباب سے
ایسی نہ شب برات نہ بقر عید کی خوشی
جیسی ہر ایک دل میں ہے اس عید کی خوشی

'عید' کی طرح 'شبِ برات' بھی مسلمانوں کا ایک اہم تیوہار ہے۔ جس پر نظیر نے ۴ نظمیں قلم بند کیں۔ جو عقیدت کے جذبات سے سرشار ہیں۔ اس کے مختلف پہلوؤں پر نظیر نے اپنے منفرد اور دلکش انداز میں روشنی ڈالی ہے۔ وہ اپنے مقصد اور نقطہ نظر کی وضاحت نہایت سیدھی سادی مگر پر زور اور ناقابل تردید دلائل وبراہین

کے ساتھ پیش کرتے ہیں۔ نظیر نے شب برات کو 'مردوں کے روح کی مددگاری' کا سبب قرار دیا ہے۔ مردوں کے ساتھ ساتھ زندہ لوگوں کے لیے بھی یہ تیوہار سود مند ہے۔ کیونکہ انھیں بھی مختلف قسم کے عمدہ و لذیذ حلوے کھانے کو مل جاتے ہیں۔ نظم شب برات کے پہلے بند میں اس تیوہار کی مقصدیت پر اس طرح روشنی ڈالی گئی ہے:

کیوں کر کرے نہ اپنی نموداری شب برات
چلپک، چپاتی، حلوے سے ہے بھاری شب برات
زندوں کی ہے زباں کی مزے داری شب برات
مردوں کی روح کی ہے مددگاری شب برات
لگتی ہے سب کے دل کو غرض پیاری شب برات

نظیر الہ آبادی نے اپنی نظموں میں امیر و غریب کی تفریق کو بھی موضوع گفتگو بنایا ہے۔ دونوں کی تصویریں نظم 'شب برات' میں اس موثر انداز میں پیش کی ہیں کہ ایک حساسؔ دل تڑپ اٹھتا ہے اور یہ سوچنے پر مجبور ہو جاتا ہے کہ آخر سماج میں یہ طبقاتی کشمکش کیوں ہے؟ آج کے دن بھی ان کو غربت و افلاس سے نجات نہیں مل پاتی۔ اس حقیقت کو نظیر نے یوں عیاں کیا ہے:

اور مفلسوں کی ہے یہ تمنّاؔ کی فاتحہ
دریا پہ جا کے دیتے ہیں بابا کی فاتحہ
بھٹیاری کے تنور پہ نانا کی فاتحہ
حلوائی کی دکان پہ دادا کی فاتحہ

یاں تک تو ان پہ لاتی ہے ناچاری شب برات

اس طرح یہ کہا جا سکتا ہے کہ نظیر نے اپنی نظموں میں امیر و غریب، ادنیٰ و اعلیٰ اور مفلس و کنگال سب ہی کی حقیقت پر مبنی مرقعے پیش کیے۔ یہاں یہ بات خاص طور سے قابل ذکر ہے کہ اس موقع پر انہوں نے اس تفریق کو ختم کرنے کے لیے کوئی حل نہیں دیا بلکہ انسانیت کے دونوں پہلوؤں کو اس طور پر پیش کیا کہ قاری خود نتیجہ نکالنے پر مجبور ہو جائے۔ تلقین و تنبیہ کا یہ رویہ پر اثر بھی ہے اور لائق داد بھی۔

نظیر نے تیوہاروں کے باب میں جہاں مختلف رنگ رلیوں کا ذکر کے اساتھ ہی اس سے ہونے والے نقصانات کی بھی نشاندہی کی۔ یعنی تیوہاروں کے مثبت پہلوؤں کے ساتھ ساتھ منفی پہلوؤں پر بھی روشنی ڈالی۔ ساتھ ہی اس موقع پر ایک دوسرے کو ایذا پہنچانے اور دشمنی نکالنے کے مسئلے کی طرف بھی توجہ دلائی۔ اس طرح کی نظموں میں انسانی ہمدردی کا بھرپور جذبہ نظر آتا ہے۔

نظیر نے اپنی نظموں کا دائرہ کسی خاص طبقے یا فرد تک محدود نہیں رکھا۔ بلکہ تمام مذاہب کو یکساں اہمیت دی اور مسلمان ہوتے ہوئے بھی ہندوؤں کے رسم و رواج کی طرف زیادہ توجہ صرف کی۔ حمد و نعت، معجزہ، حضرت علی، عباس، عید اور شب برات کے ساتھ ساتھ ہولی، دے والی، راکھی، بسنت، کنھیا جی کے جنم اور مہادیو جی وغیرہ عنوانات پر مبنی عقیدت سے پر نظمیں قلم بند کیں۔ انھوں نے ہندوؤں کی عوامی تقریبات پر بہت کچھ لکھا جن کے مطالعہ سے اندازہ ہوتا ہے کہ نظیر ان تقریبات میں پورے وجود کے ساتھ شریک کار رہے۔ اس سلسلے میں محمد

محمود رضوی مخمور اکبر آبادی نظیر کی شخصیت اور ان کی شاعری کے حوالے سے بڑی اہم بات لکھتے ہیں کہ: "وہ (نظیر) ہندووں کی معاشرت کے بھی اتنے ہی بڑے ماہر ہیں جتنے مسلمانوں کے، بلکہ یہ کہنا مبالغہ نہیں کہ ہندو شعراء میں ایسے بہت کم نکلیں گے جو ہندو معاشرت دانی میں نظیر کا مقابلہ کر سکیں۔ ان کی نگاہ کی وسعت انھیں ہر طبقے کی حالت سے بخوبی واقف رکھتی ہے کچھ ہندو مسلمانوں ہی پر منحصر نہیں ہندوستان کی ہر قوم کی معاشرت کا ان کو یکساں علم و تجربہ ہے۔" (روح نظیر، محمود اکبر آبادی، اتر پردیس اردو اکادمی، لکھنو، دوسرا ایڈیشن ۲۰۰۳، ص ۱۷)

ہولی کا تیوہار خاص ہندوستانی سرزمین اور آب و ہوا سے وابستہ ہے جس پر نظیر کی ۱۳ نظمیں ملتی ہیں۔ یہ نظمیں عید و شب برات پر لکھی گئی نظموں سے کہیں زیادہ فنکاری کی آئینہ دار اور حیات کے جوش و خروش سے مملو ہیں۔ ان نظموں میں عوامی زندگی کے ولولے اور جذبات اپنی پوری آب و تاب کے ساتھ جلوہ گر ہیں۔ ایسی ہولی جہاں رنگ و پچکاری بھی ہے اور رقص و موسیقی بھی، راگ راگنیوں کا اہتمام بھی ہے اور بھانگ کھیلنے والوں کا ازدہام بھی۔

ہوا جو آ کے نشہ آشکار ہولی کا
بخار باب سے مل کر ستار ہولی کا
سرور رقص ہوا بے شمار ہولی کا
ہنسی خوشی میں بڑھا کاروبار ہولی کا
زباں پہ نام ہوا بار بار ہولی کا

دراصل جن تیوہاروں میں امید و آرزووں کے پورے ہونے کے امکان زیادہ

ہیں ان کا ذکر کثرت سے ملتا ہے یہی وجہ ہے کہ دوسرے تیوہاروں کے مقابلے ہولی پر کئی گنا نظمیں اور غزلیں دستیاب ہیں۔ ہولی کی ہر نظم میں جزئیات کا عمیق مطالعہ و مشاہدہ کار فرما ہے۔ یہ نظمیں رجائیت سے پر نظیر کے شاعرانہ مزاج اور افتاد طبع پر دال ہیں۔

نظیر کی دیوالی پر لکھی گئی نظموں میں دیوالی کے مختلف پہلوؤں مثلاً دیوی لکشمی کی پوجا، گھروں کی سجاوٹ، میلوں ٹھیلوں، جواڑوں کی جوئے کا

اور اس کے نتیجہ میں در پیش ہونے والے واقعات و حالات کا نقشہ اس خوبی سے اتارا ہے کہ تمام جزئیات سے آگاہی ہو جاتی ہے اور اس دور کی تصویریں ہو بہو آنکھوں کے سامنے رقص کرتی نظر آتی ہیں۔ چند اشعار دیکھیے:

ہر اک مکاں میں جلا پھر دیا دوالی کا
ہر اک طرف کو اجالا ہوا دوالی کا
سبھی کے جی کو سماں بھا گیا دوالی کا
کسی کے دل کو مزا خوش لگا دوالی کا
عجب بہار کا ہے دن بنا دوالی کا

دیوالی کے حوالے سے نظیر کی تقریباً تمام نظمیں رجائیت سے پر ہیں۔ جس میں معاشرتی پہلو کی جانب توجہ زیادہ ہے۔

نظیر کا تعلق چونکہ ہر مذہب اور ہر طبقے سے یکساں طور پر تھا۔ یہی وجہ ہے کہ محض قدرت بیان یا پر گوئی کے سبب انھوں نے مذہب کے مختلف پیشواؤں، تیوہاروں، رسموں اور کھیلوں کا تذکرہ نہیں کیا بلکہ ان میں عقیدت و محبت کا سبب کا

بیان کیا اور خود بھی اس میں عملی طور پر شریک رہے۔ ان کے یہاں اگر ایک طرف الہٰی نامہ اور مختلف اولیا اکرام پر نظمیں ملتی ہیں تو دوسری جانب بلدیو جی کا میلہ، جنم کنھیا جی اور گرونانک کا بیان بھی ملتا ہے۔ انھوں نے بلدیو جی کے میلے پر ایک طویل نظم لکھی جس کا ہر بند ان کے قلندرانہ مسلک و مشرب کا بیش بہا نمونہ ہے۔ یہ نظم ان کی بیانیہ نظموں میں ایک شاہکار کا درجہ رکھتی ہے۔ جس میں نظیر کی شاعرانہ صلاحیت اپنی پوری قوت، سادگی اور تنوع کے ساتھ نمایاں ہے۔ اس نظم میں سچی بے رنگ تصویریں بھی واقعاتی صحت اور شاعرانہ نزاکت و لطافت کے پس منظر میں رنگی نظر آتی ہیں۔

"اتنے لوگوں کے ٹھٹھ لگے ہیں آہ
جو کہ تل دھرنے کی نہیں ہے جگہ
لے کے مندر سے دو دو کوس لگا۔
باغ و بن بھر رہے ہیں سب ہر جا
بھیڑ، انبوہ اور دھرم دھکا
جس طرف دیکھیے! ہاہاہا
رنگ ہے روپ ہے جھمیلا ہے
اور بلدیو جی کا میلا ہے۔

نظم 'بلدیو جی کا میلا' حیات و مشاغل حیات سے نظیر کی الفت و محبت کو عیاں کرتی ہے۔ جہاں زندگی کے شباب کے ساتھ ساتھ فلسفیانہ نقطہ نظر کی بھی وضاحت ہے۔ ساتھ ہی ہندو مذہب کی تلمیحات کا ذکر بھی کثرت سے ملتا ہے۔ اور الفاظ بھی

اسی مناسبت سے در آئے ہیں۔ اس کے علاوہ حضرت سلیم چشتی کے مزار پر ہونے والے عرس کے موقع پر بعنوان "عرس حضرت سلیم چشتی" لکھی۔ جس کا ایک ایک لفظ شاعر کی عقیدت و محبت کا گواہ ہے۔

"ہیں دو جہاں کے سلطان حضرت سلیم چشتی
عالم کے دین و ایمان حضرت سلیم چشتی
سر دفتر مسلمان حضرت سلیم چشتی۔
مقبول خاص یزداں حضرت سلیم چشتی
سردار ملک عرفاں حضرت سلیم چشتی

غرض یہ کہ تیوہاروں پر لکھی گئی جتنی بھی نظمیں ہماری نگاہوں سے گزرتی ہیں ان کے مطالعہ سے ہم اس نتیجے پر پہنچتے ہیں کہ مسلم تیوہاروں پر لکھی گئی نظمیں فکر و فن، واقعہ نگاری اور منظر کشی کے اعتبار سے نہایت ولولہ خیز اور زندگی سے پر ہیں۔ البتہ یہ بات بھی اپنی جگہ قابل تسلیم ہے کہ نظیر کے زور بیان اور جذبات نگاری کا پر زور مظاہرہ ہندو مذہب پر لکھی گئی نظموں میں زیادہ عیاں ہے۔ بالخصوص ہولی پر لکھی گئی نظموں میں بعض تو محاکاتی رنگ لیے ہوئے نظر آتی ہیں۔ اس سلسلے میں سے دطلعت حسین نقوی کا قول بڑی اہمیت کا حامل ہے۔

"نظیر کی نظمیں جو ہندوؤں کے تیوہاروں یا غیر مسلم عظیم کرداروں کے موضوع پر ہیں۔ ان میں نظیر کا فن انتہائی نقطہ عروج پر پہنچ گیا ہے۔ ان کے کلام میں مذہبی بے تعصبی کا انداز پایا جاتا ہے وہ قابل تعریف ہے۔"

تمام نظمیں انسانی دوستی، دردمندی، حقیقت کی آگہی اور غائر بینی کی عمدہ

مثالیں ہیں یہ نظمیں موضوع و مواد کی ہم آہنگی سے منظر کشی کا اعلیٰ نمونہ پیش کرتی ہیں۔ جس میں جزئیات نگاری بھی ہے اور جذبات نگاری بھی ہے، مثنوی کا رنگ بھی ہے اور ڈرامائی کیفیت بھی، واقعہ نگاری بھی ہے اور رسوم و رواج کی حقیقی و معاشرتی تصویریں بھی۔ یہ تمام نظمیں پر اثر ہونے کے ساتھ ساتھ اپنے آپ میں بے نظیر بھی ہیں۔ جس میں ہندوستانی زندگی اور معاشرہ سانس لے رہا ہے۔ نظیر کی نظموں کی یہی وہ خوبیاں ہیں جس کی وجہ سے دوسرے شعرا بھی ان سے متاثر نظر آتے ہیں۔ اور ان کی لیاقت و صلاحیت کے اور معترف بھی ہیں۔ ان کی شاعری انسانی مساوات کا بہترین مرقع ہے۔ جس میں زندگی، شاعری، مذہب اور اخلاق غرض ہر شعبہ حیات کو بآسانی دیکھا اور محسوس کیا جا سکتا ہے۔ بقول رام بابو سکسینہ "ان کے مزاج میں چونکہ مذہبی تعصب اور ناروا داری نہ تھی بلکہ کٹر پن کو نہایت نفرت و حقارت کی نگاہ سے دیکھتے تھے اسی وجہ سے وہ ہندوں سے بہت خلط ملط رہتے تھے اور ان کے رسم و رواج ان کی زبان، ان کے خیالات، ان کے تیوہار اور معتقدات تک کو ایسے دلچسپ طریقے سے اس قدر صحت کے ساتھ بیان کر گئے کہ ہم کو ان کی ہمہ دانی پر تعجب ہوتا ہے" (ہسٹری آف اردو لٹریچر۔ رام بابو سکسینہ، مطبع منشی نول کشور لکھنؤ ص ۳۴۳)

بحیثیت مجموعی نظیر نے اپنی شاعری اور نظموں کے ذریعے عملی طور پر قومی یکجہتی کی تعمیر و تشکیل کا جو نمونہ پیش کیا ہے اس کی مثال اردو شاعری میں ناپید ہے۔ نظیر کی نظموں کے تاریخ وار جائزے سے یہ بھی آگاہی ہوتی ہے کہ ان کے زمانے نے تو انہیں قابل اعتنا نہیں گردانا لیکن مابعد کے انصاف پسند ذہنوں نے

جب ان کا مطالعہ کیا تو انہیں ان کا صحیح مقام بھی دلوایا۔

زبان و بیان کے سلسلے میں نظیر کی انفرادیت اس طرح قائم ہے کہ انھوں نے کسی قسم کے اصول و ضوابط کا پاس ولحاظ نہیں رکھا بلکہ اپنی زبان خود وضع کی۔ لفظ ان کے سامنے ہاتھ باندھے کھڑے نظر آتے ہیں۔ نظیر جس طرح چاہتے ہیں لفظوں کو استعمال کرتے ہیں۔ نظیر کا کمال ہی یہ ہے کہ لفظوں کے لیے انہیں کنوئیں جھانکنے کی ضرورت نہیں پڑتی بلکہ انھوں نے اپنے لیے ایک نیا طرز ایجاد کیا۔

***

۴

محمد قلی قطب شاہ کے عہد کے قلمی آثار

محمد ذاکر حسین

تاریخ نویسوں نے عام طور پر کسی عہد کا تجزیہ اس وقت کے سیاسی، سماجی، معاشرتی، تمدنی اور اقتصادی حالات کو پیش نظر رکھ کر کیا ہے۔ علمی اور ادبی حالات کی جانب ان کی توجہ کم ہی رہی ہے۔ کسی نے اس کو قابل اعتنا سمجھا بھی تو وہ اس قدر دھندلے ہیں کہ اس سے اس دور کے علمی و ادبی حالات کی سچی تصویر پیش نہیں کی جا سکتی۔ ہر دور کی تاریخی کتابوں کی کم و بیش یہی کیفیت ہے۔ حالاں کہ اس حقیقت سے انکار ممکن نہیں کہ علم ہی کی بدولت حکومتیں ارتقا کے منازل طے کرتی ہیں اور یہی ان کے عروج کی راہیں بھی ہموار کرتی ہیں اور اسی کی روشن شعاعوں سے تمام دریچے از خود وَا بھی ہوتے ہیں۔ جس عہد اور سماج پر علم کی خاص مہربانیاں رہی ہیں، وہی عہد اور سماج آج ہماری تاریخ کا زرّیں باب ہے اور وہی دور ہمارے لیے مشعل راہ ہے، جس نے اپنے علمی اکتشافات و اختراعات سے زمانے کو ترقی کی راہ پر گامزن کیا۔

قطب شاہی دور کے مورخوں نے بھی اپنا سارا زورِ قلم فتوحات، کشور کشائی اور

عشق و معاشقے کی داستان سرائی میں صرف کیا ہے۔ جب کہ مغل حکمرانوں کی طرح اس خاندان کے حکمراں بھی رزم و بزم دونوں کے مرد میداں تھے۔ اس خاندان کے بانی سلطان قلی قطب شاہ(۹۲۴ھ / ۱۵۱۸۔۹۴۹ھ / ۱۵۴۳) کو ان کی علمی لیاقت اور جنگی مہارت کی وجہ سے محمود شاہ بہمنی کے دربار سے صاحب سیف و قلم کے خطاب سے نوازا گیا تھا۔ اس کا زیادہ تر وقت جنگ و جدال اور استحکام حکومت میں گزرا۔ اس کے باوجود اس نے علم و ادب کی سرپرستی کی طرف خاص دھیان دیا اور علمی و ادبی ماحول کو سازگار بنانے کی غرض سے آش خانہ کے نام سے ایک محل تعمیر کروایا، جہاں باقاعدہ ادبی مجلسیں آراستہ کی جاتی تھیں اور کبھی کبھی خود بھی اس میں شریک ہوتا تھا۔ جمشید قلی (۹۴۹ھ / ۱۵۴۳۔۹۵۷ھ / ۱۵۵۰) بھی علم و ادب کا بڑا قدردان تھا اور خود بھی فارسی میں طبع آزمائی کیا کرتا تھا۔ احمد شریف وقوعی اس کے دربار کا ملک الشعرا تھا۔ ابراہیم قلی قطب شاہ (۹۵۷ھ / ۱۵۵۰۔۹۸۸ھ / ۱۵۸۰) گرچہ خود شاعر نہیں تھا لیکن علم و ادب سے متصف تھا۔ اردو، فارسی اور عربی شعرا کے ساتھ ساتھ اس نے تلگو فنکاروں کی بھی ہمت افزائی کی۔ اس اعتبار سے وہ تلگو زبان کا پہلا مربی ہے۔ وہ علم و ادب کا اتنا شوقین تھا کہ سفر و حضر میں علما و فضلا کے علاوہ کتابوں سے بھرے ہوئے صندوق بھی اس کے ساتھ ہوتے تھے۔

محمد قلی قطب شاہ(۹۸۸ھ / ۱۵۸۰۔ ۱۰۲۰ھ / ۱۶۱۱) کے دور حکومت سے قبل ہی گولکنڈا علم و ادب اور تہذیب و تمدن کی شناخت بن چکا تھا۔ علم نوازی، ادب پروری اور اہل کمال کی قدردانی کی جو شاندار روایت اسے ورثے میں ملی، وہ نہ

صرف بر قرار رہی بلکہ اور مستحکم ہو گئی۔ مورخوں نے ایک رنگین مزاج عاشق کے طور پر اس کا تعارف کرایا ہے۔ اس کی شخصیت کے اس پہلو کو اتنا بڑھا چڑھا کر پیش کیا گیا ہے کہ اس کی دوسری خوبیاں دھندلی پڑ گئی ہیں، لیکن خوبیاں سات پردے سے نکل کر باہر آجاتی ہیں۔ اگر مورخوں کی یہ بات تسلیم بھی کر لی جائے تو اس حقیقت سے بھی انکار ممکن نہیں کہ وہ ایک مدبر اور ماہر سیاست داں تھا اور علم کے بغیر تدبر اور مہارت کا تصور ذرا محال ہے۔ قرائن بتلاتے ہیں کہ علم کی آبیاری، فن کی قدردانی اور ادب کی سرپرستی اس کی زندگی کا خاص مشن تھا۔ چوں کہ خود اردو، فارسی، تلگو اور سنسکرت زبانوں سے نہ صرف واقف تھا بلکہ سنسکرت کے علاوہ بقیہ تینوں زبانوں میں طبع آزمائی بھی کیا کرتا تھا۔ اس لیے اس کا دربار مختلف زبانوں کے عالموں، فاضلوں، شاعروں اور ادیبوں کا مرکز بن چکا تھا۔ خاص طور پر بیرونی ممالک کے دانشوروں کے لیے یہ عہد کشش کا سبب بن گیا تھا۔

کتابوں سے محبت اور کتب خانوں سے دلچسپی محمد قلی قطب شاہ کو اپنے اجداد سے وراثت میں ملی تھی۔ اس وراثت کی حفاظت اور اس میں خاطر خواہ اضافہ کرنے کے مقصد سے اس نے خط نسخ، ثلث اور نستعلیق کے ماہر خوش نویسوں کو ایران و عراق سے اپنے دربار میں مدعو کیا تھا۔ ان فنکاروں کی موجودگی سے اس فن کو جنوبی ہند میں کافی فروغ ملا۔ ان خطاطوں میں صرف بابا خان اور اسمعیل بن عرب شیرازی کے نام تذکروں میں ملتے ہیں۔ فن مصوری (Painting) کو بھی دکنی دبستان کی حیثیت سے اسی دور میں پہچان ملی۔ سالار جنگ میوزیم میں محفوظ دیوان محمد قلی قطب شاہ دکنی مصوری کا بہترین نمونہ ہے۔ علم طب پر بھی اس دور میں

خصوصی توجہ دی گئی۔ مریضوں کے علاج اور طب یونانی کے طالب علموں کو تعلیمی سہولتیں مہیا کرانے کے لیے ۱۰۰۴ھ / ۱۵۹۵ میں ایک دو منزلہ عمارت کی بنیاد ڈالی گئی، جس میں بیک وقت چار سو مریضوں کے قیام اور طب یونانی کے طالب علموں کی تعلیم کا انتظام تھا۔ مختلف امراض کے ماہر طبیبوں اور حکیموں کو علاج اور تعلیم کے لیے مامور کیا گیا تھا۔ ان طبیبوں اور حکیموں نے صرف علاج اور تعلیم تک ہی خود کو محدود نہیں رکھا بلکہ انھوں نے اپنے تجربات اور تشخیصات کو کتابی شکل میں بھی پیش کیا۔ حکیم محمد علی حسینی کی 'اختیارات قطب شاہی' اور حکیم صفی الدین جیلانی کی 'تذکرۃ الشھوۃ' اس سلسلے کی بہترین مثالیں ہیں۔ محمد قلی قطب شاہ کے قصائد میں فلکیات کی اصطلاحوں کی موجودگی اس جانب اشارہ کرتی ہے کہ اسے اس فن سے بھی لگاؤ تھا۔ اس کی روشنی میں یہ بات حتمی طور پر کہی جا سکتی ہے کہ فلکیات کے ماہرین بھی اس کے دربار میں موجود تھے۔ لیکن تاریخ و تذکرے اس باب میں بالکل خاموش ہیں۔ ان باتوں سے ثابت ہوتا ہے کہ محمد قلی قطب شاہ کے دربار میں ہزاروں اہل علم و فن اپنی قابلیت کے جوہر دکھا رہے تھے اور اس طرح وہاں بھی علم و ادب کا ایک انمول خزانہ جمع ہو گیا تھا۔ اس دور میں علم اور تہذیب، مصوری و نقاشی اور دیگر علوم و فنون خوب ترقی کر گئے۔ اورنگ زیب کے زمانے میں جب دکن فتح ہوا تو قطب شاہی کتب خانوں کی بیش تر کتابیں مغلوں کے شاہی کتب خانے میں جمع ہو گئیں۔

۱۸۵۷ کے ہنگامے میں جب مغلوں کی حکومت کا خاتمہ ہو گیا اور انگریزوں کا تسلط قائم ہوا تو اس افراتفری کے ماحول میں جب کوئی کسی کا پرسان حال نہ تھا اور

چاروں طرف لوٹ مچی ہوئی تھی، عمارتیں زمیں بوس ہو رہی تھیں۔ اس کے نتیجے میں شاہی کتب خانوں کی قیمتی کتابیں بھی تتر بتر ہونے لگیں۔ ہندوستان کے پانچ چھ سو برسوں کا علمی خزانہ، ہمارے عالموں اور پنڈتوں کی کمائی شاہی کتب خانوں میں جمع تھیں۔ لیکن جب ۱۸۵۷ کی جنگ آزادی میں ہندوستانیوں اور انگریزوں کے درمیان تصادم ہوا تو یہ انمول خزانہ ہاتھوں ہاتھ لٹ گیا۔ کچھ عرصے بعد جب لوگوں کے اوسان بحال ہوئے اور خوف وہراس کا ماحول بدلا تو ہندوستان کے تین نامور سپوتوں نے اس انمول خزانے کو پھر سے اکٹھا کرنے کا بیڑا اٹھایا۔ ان میں سے دو یعنی نواب سالار جنگ اور نواب رام پور اپنی ریاست کے سپید و سیاہ کے مالک تھے اور تیسرا صوبۂ بہار کا ایک وکیل خدا بخش خاں، جن کے پاس نہ ریاست تھی اور نہ مال و دولت صرف علم کی چاہ اور اپنی ہمت کے بل پر اس میدان کارزار میں معرکہ آرائی کے لیے کود پڑے۔ آخر کار وہ ان سے سبقت لے گئے۔ یہ خدا بخش کے خلوص اور نیک نیتی کا ہی ثمرہ ہے کہ ان کی لائبریری میں ہندوستان کے اکثر شاہی کتب خانوں کی بے شتر کتابیں موجود ہیں۔ مغلوں کے شاہی کتب خانے میں لگ بھگ ۴۳۰۰ کتابیں تھیں، تقریباً وہ ساری کتابیں مختلف ذرائع سے خدا بخش خاں کو حاصل ہو گئیں۔ اس کے علاوہ عادل شاہی، قطب شاہی، نظام شاہی اور اودھ کے شاہی کتب خانے کی کتابیں بھی اس لائبریری کی زینت ہیں۔

حیدرآباد اور خدا بخش لائبریری کا تعلق اسی زمانے سے قائم ہے جب کتابیں جمع کرنے کے شوق میں خدا بخش خاں ہندوستان بھر کی سیاحت کر رہے تھے۔ اسی تعلق سے انھوں نے حیدرآباد کا بھی سفر کیا تھا یہ تعلق ۱۸۹۵ میں مزید خوشگوار ہوا

جب وہ چیف جسٹس کی حیثیت سے حیدرآباد تشریف لائے اور حمایت نگر کلب کو اپنا مسکن بنایا۔ ۱۸۹۸ تک وہ اس عہدے پر فائز رہے۔ اس وقت کا ایک واقعہ دلچسپی سے خالی نہ ہوگا۔ خدا بخش خاں حیدرآباد کے قیام کے دوران ایک دن جب عدالت سے واپس ہو رہے تھے تو ایک کباڑی کے پاس پرانی کتابوں کا ایک بنڈل دیکھا۔ انھوں نے اس سے بنڈل کی قیمت پوچھی۔ کباڑی نے انھیں غور سے دیکھا اور ان کی وضع قطع اور بولنے کے انداز سے سمجھ گیا کہ وہ بڑے آدمی ہیں۔ چناں چہ وہ بولا ویسے تو ہم اسے دو تین روپے میں بیچتے لیکن جب آپ لے رہے ہیں تو یقیناً یہ کوئی قیمتی کتاب ہے۔ اس لیے میں ۲۰ روپے لوں گا۔ خدا بخش نے اس کو ۲۰ روپے میں خرید لیا۔ دراصل اس بنڈل میں عربی تاریخ کی نادر کتابیں تھیں، جنھیں بعد میں نظام حیدرآباد نے ۴۰۰ روپے میں اسے خریدنا چاہا لیکن انھوں نے فروخت نہیں کیا۔ برٹش میوزیم نے بھی اس نادر و نایاب ذخیرے کو خریدنا چاہا لیکن انھوں نے یہ کہتے ہوئے انکار کر دیا کہ "میں ایک غریب آدمی ہوں اور برٹش میوزیم میرے ذخیرے کے لیے جو رقم دے رہی ہے وہ شاہی قیمت ہے۔ لیکن میں صرف پیسے کے لیے اپنا ذخیرہ انھیں کیسے دے دوں۔ یہ میرے اور میرے والد کی زندگی بھر کی کمائی ہے۔ یہ ذخیرہ پٹنہ کے لیے ہے اور میں یہ تحفہ اپنے باشندگان پٹنہ کو ہی پیش کروں گا۔ ان دونوں واقعات سے بخوبی معلوم ہو جاتا ہے کہ کتابوں سے خدا بخش کو کتنا پیار اور کتنا لگاؤ تھا۔

محمد قلی قطب شاہ اور خدا بخش خاں کے مابین دو باتوں میں مماثلت پائی جاتی ہے۔ ایک تو یہ کہ محمد قلی قطب شاہ کی طرح خدا بخش خاں کو بھی کتابوں سے بڑی

دلچسپی تھی۔ دوسری یہ کہ جس طرح محمد قلی قطب شاہ کو کتابیں اپنے والد ابراہیم قطب شاہ سے وراثت میں ملی تھیں، جس کا ثبوت یہ ہے کہ ابراہیم قطب شاہ سفر وحضر میں کتابوں سے بھرا ایک صندوق اپنے ساتھ رکھتا تھا یقینی طور پر وہ کتابیں اس کو ملی ہوں گی اور اس سلسلے میں نصیحت بھری باتیں بھی ہوئی ہوں گی۔ خدابخش کو بھی اپنے والد محمد بخش سے کتابوں کے ساتھ نصیحت بھی ملی تھی کہ اس ذخیرے کو آگے بڑھانا ہے۔ دونوں اپنے مقصد میں کامیاب و کامران بھی ہوئے۔ اسی مماثلت کا نتیجہ ہے کہ اس دور کے علما، ادبا، شعرا کی تخلیقات میں سے چند اس لائبریری کی زینت ہیں۔ ویسے تو محمد قلی قطب شاہ کے دور حیات میں جو ۹۷۳ھ / ۱۵۶۵ء سے ۱۰۲۰ھ / ۱۶۱۱ء تک محیط ہے، پوری دنیا میں جو کتابیں تصنیف کی گئیں یا جن کی کتابت ہوئی، ان میں سے تقریباً ۴۰۰ عربی و فارسی کے مخطوطات خدابخش لائبریری میں محفوظ ہیں اور یہ مخطوطات کتب سماوی، تجوید و قرأت، تفسیر، اصول حدیث، حدیث، اصولِ فقہ، فقہ، عقائد، مواعظ، ادعیہ، صرف، بلاغت، لغت، ادب، حکمت، منطق، ریاضیات، نجوم، طب، بیطرہ، تاریخ، سیرت، تذکرہ، جغرافیہ، فرائض، تصوف، شاعری، اخلاقیات، ہئیت، قصص، معمیات اور مناظرہ جیسے موضوعات کا احاطہ کرتی ہیں۔ ان ۴۰۰ مخطوطات کو محمد قلی قطب شاہ کے دور سے منسلک کرنا علمی دیانت داری کے خلاف ہوگا کیوں کہ ان میں کوئی ایسا قرینہ موجود نہیں ہے، جس سے یہ ثابت کیا جاسکے کہ یہ مخطوطے اسی دور میں لکھے گئے۔ لیکن اس سے یہ اندازہ ضرور ہو جاتا ہے کہ اس وقت پوری دنیا میں علم و ادب اور فکر و فن کی کتنی زرخیز آبیاری ہو رہی تھی اور کس اعلی پیمانے پر علم کی نہریں اپنی

پوری روانی کے ساتھ جاری تھیں۔ البتہ چند مخطوطات میں ایسے قرینے موجود ہیں جو یہ ثابت کرتے ہیں کہ یہ محمد قلی قطب شاہ اور دوسرے قطب شاہی حکمراں سے تعلق رکھتے ہیں۔ اس کا ایک مختصر جائزہ ذیل میں پیش کیا جارہا ہے:

(۱) انوار العقول من اشعار وصی الرسول (HL.۱۷۴۹):

یہ حضرت علی کرم اللہ وجہہ (وفات ۴۰ھ / ٦٦٠) کا شعری مجموعہ ہے۔ اس کو ایک شیعہ عالم قطب الدین ابوالحسن سعید بن ھبۃ اللہ الراوندی (وفات ۵۷۳ھ / ۱۱۷۷) نے متعدد کتابوں کے مطالعے کے بعد ان اشعار کو جمع کیا اور حروف تہجی کے اعتبار سے اسے مرتب کیا۔ مرتب نے اپنے مقدمے میں یہ وضاحت بھی کی ہے کہ یقینی طور پر یہ کہنا مشکل ہے کہ حضرت علیؓ کے سارے اشعار اس دیوان میں شامل ہوگئے ہیں۔ اس کے نسخے متعدد کتب خانوں میں محفوظ ہیں۔ ۱۷۴۵ میں پہلی بار یہ کتاب لنڈن سے شائع ہوئی۔ اس وقت سے اب تک اس کے کئی ایڈیشن نکل چکے ہیں۔ خدا بخش لائبریری کا یہ نسخہ ۸۵۸ھ / ۱۴۵۴ کا مکتوبہ ہے جسے زین العابدین بن محمد الکاتب نے لکھا ہے۔ ترقیمہ کی عبارت ہے:

کتبہ زین العابدین بن محمد الکاتب عفا اللہ عنھما فی حجۃ ثمان و خمسین و ثمان ماۃ الھجریۃ۔

یہ مخطوطہ قطب شاہی حکومت کے زوال اور عالمگیری سلطنت کے عروج کا عینی شاہد بھی ہے۔ ابتدائی صفحے پر محمد قلی قطب شاہ اور اورنگ زیب کی مہریں اس زوال و عروج کی داستان بیان کرتی ہے ں۔ اس کے علاوہ چند مہریں اور بھی ہیں جو اس مخطوطے کے سفر کی روداد پیش کرتی ہیں۔ سید مسعود احمد رضوی نے اپنے

مضمون "قطب شاہوں کی مہریں اور دستخط" میں سالار جنگ میوزیم میں موجود دیوان علیؓ کے ایک نسخے کی نشاندہی کی ہے۔ یہ نسخہ ۹۱۸ھ کا مکتوبہ ہے جس پر ابراہیم قلی قطب شاہ، محمد قلی قطب شاہ اور محمد قطب شاہ کی مہریں ثبت ہیں۔ لیکن انھوں نے خدا بخش کے اس نسخے کا ذکر نہیں کیا ہے حالاں کہ خدا بخش کا نسخہ سالار جنگ میوزیم کے نسخے سے ۶۰ سال پرانا ہے۔ یہ دونوں نسخے اس وقت کے ہیں جب قطب شاہی سلطنت وجود میں نہیں آئی تھی۔ یہ اس بات کے ثبوت ہیں کہ قطب شاہی حکمراں نہ صرف کتابیں لکھواتے تھے بلکہ پہلے سے لکھی ہوئی کتابوں کو مختلف ذرائع سے حاصل بھی کرتے تھے۔ اس مخطوطے پر ۱۷ مہریں ہیں جس کی تفصیل حسب ذیل ہیں:

سرورق (۱): (۱) سید جعفر حسین ولد سید مہدی حسین ؟؟۱۲، (۲) ضیا حسین خان ۱۲۴۵ھ، (۳) علی نقی ۱۱۳۸ھ (۴) عالمگیر شاہی (۵) خدارازق واحمد شفیع است ۱۱۱۴ھ

سرورق (۲): (۶) محمد خلیل اللہ بن نعمت اللہ المستعین بالغنی (۷) ناخوانده (۸) ضیا حسین خان ۱۲۴۵ھ (۹) سید جعفر حسین ولد سید مہدی حسین ؟؟۱۲، (۱۰) شیر داد خان (۱۱) ناخوانده (۱۲) شہی کہ نقش نگیں مہر حب آل مقیم بود سپہر کرم قطب شاہ ابراہیم (۱۳) ملک جہاں مرا کہ بزیر نگیں شدہ از حکم بادشاہ جہاں آفریں شدہ العبد محمد قلی قطب شاہ (۱۴) مہر سلیماں ز حق گشتہ میر مرا، نقش نگیں دل است حیدر صفدر مرا، العبد محمد قطب شاہ

آخری ورق: (۱۵) خدارازق واحمد شفیع است ۱۱۱۴ھ (۱۶) سید جعفر حسین

ولد سید مہدی حسین ؟؟۱۲، (۱۷) ضیا حسین خان ۱۲۴۵ھ،

خدا بخش کے توضیحی فہرست نگار نے ان مہروں کی تفصیل نہیں پیش کی ہے اور صرف یہ کہہ کر آگے بڑھ گئے ہیں کہ ان میں متعدد مہریں ہیں، جن میں محمد قلی قطب شاہ اور اورنگ زیب کی بھی ہیں۔

(۲) غنیۃ الحساب فی علم الحساب (HL۲۰۲۳)

عربی زبان میں علم حساب پر یہ خدا بخش لائبریری کا ایک اہم اور نادر نسخہ ہے۔ چھٹی صدی ہجری کے ایک ماہر ریاضی داں ابوالعباس احمد بن ثابت قاضی الھمامیہ کے تالیف کردہ اس نسخے کی کتابت تاج بن حسن بن محمد الکرمانی نے ۷۸۶ھ میں کی۔ ۸۵ اوراق پر مشتمل یہ مخطوطہ حساب کی مختلف شاخوں کا احاطہ کرتا ہے، جیسے باب الضرب (Multiplication)، باب القسمۃ (Division)، باب النسبۃ (Percentage)، باب استخراج الجذور (Fraction)، کتاب المعاملات (Commercial Mathematics)، کتاب المساحۃ (Measurements) اور باب الحفور

اس مخطوطے کی انفرادیت یہ ہے کہ اس کی دوسری کاپی دنیا کے کسی بھی ذخیرے میں دستیاب نہیں ہے اور دوسری بڑی خصوصیت ہے کہ یہ قطب شاہی حکمرانوں کے دربار کی سیر بھی کر چکا ہے۔ سرورق پر ابراہیم قلی قطب شاہ، محمد قلی قطب شاہ اور محمد قطب شاہ کی مہریں اس کا ثبوت پیش کرتی ہیں۔ ان مہروں کی عبارت وہی ہے جو انوار العقول فی اشعار وصی الرسول میں ہے۔ اس کے علاوہ محمد عاقبت اللہ مورخہ ۱۰۷ھ کی بھی مہر ہے لیکن واضح نہیں ہے۔ خدا بخش کے توضیحی

فہرست نگار نے صرف محمد قطب شاہ کی مہر کی نشاندہی کی ہے۔ ایک تحریر 'از عبد القادر صحاف' بھی سرورق پر مرقوم ہے۔ صحاف کاغذ ساز کو کہتے ہیں۔ گویا اس مخطوطے کا کاغذ عبد القادر کے ہاتھوں کا بنا ہوا ہے۔

(۳) فلک البروج (٦٥٨HL):

میر محمد امین شہرستانی روح الامین فارسی کا مشہور شاعر ہے۔ محمد قلی قطب شاہ کے دربار کی شہرت سن کر ۱۰۱۰ھ یا ۱۰۱۳ھ میں وہ گولکنڈا آیا اور بادشاہ کے دربار سے منسلک ہو گیا۔ اس کی قابلیت کی وجہ سے بادشاہ اسے بہت عزیز رکھتا تھا اور میر جملہ کے خطاب سے سرفراز بھی کیا تھا۔ بادشاہ کی عنایتوں سے متاثر ہو کر اس نے اپنی مثنوی لیلی مجنوں کو بادشاہ کے نام سے معنون کیا۔ فلک البروج اس کی دوسری مثنوی ہے، جو نظامی گنجوی کے تتبع میں لکھی گئی۔ یہ مخطوطہ ۱۹۱ اوراق پر محتوی ہے۔ سنہ کتابت مذکور نہیں ہے البتہ غالب گمان ہے کہ یہ ۱۷ویں صدی عیسوی میں لکھی گئی۔ شاعر نے مقدمہ میں حمد و ثنا کے بعد اپنے مربی محمد قلی قطب شاہ کی عنایتوں کا دل کھول کر اظہار کیا ہے۔ وہ اس مثنوی کو اس کے نام سے منسوب کرنا چاہتا تھا۔ لیکن ابھی یہ تکمیل کے مرحلے میں تھی کہ بادشاہ کی وفات ہو گئی۔ اس سے شاعر کو بڑا صدمہ پہنچا اور اپنی بے چارگی کا ذکر کرتے ہوئے کہا:

به اوج شرف فتاد به چاه
رفت سوی بهشت بادشاه

جب یہ مثنوی ۱۰۲۱ھ / ۱۶۱۲ میں پایہ تکمیل کو پہنچی تو اس نے اس کو محمد قطب شاہ کے نام معنون کیا:

گشت یک بیست چون فزود بہ ہزار
شد مکمل چو چرخ این گلزار

لیکن محمد قطب شاہ کے دربار میں اسے وہ اہمیت نہ ملی جو محمد قلی قطب شاہ کے دربار میں حاصل تھی۔ آخر کار قطب شاہی سلطنت کو خیر باد کہہ دیا۔ اس مثنوی کو فلک البروج کے علاوہ آسمان ہشتم اور گلستان ناز کے نام سے بھی یاد کیا گیا ہے:

این کتاب مستطاب بفلک البروج موسوم گشت (۴ب)
شد چون این کاخ سربلند تمام
کردمش آسمان ہشتم نام (۱۸۲ب)

(۴) شرح الشمسیۃ الحساب (HL۲۰۱۸):

ابو اسحق بن عبد اللہ نے ۹۶۳ھ میں گولکنڈا میں اس کتاب کو مرتب کیا اور اسے وہاں کے ایک امیر عبد الکریم کے نام معنون کیا۔ جس زمانے میں یہ کتاب لکھی گئی وہ ابراہیم قلی قطب شاہ کا دور تھا۔ اس سے معلوم ہوتا ہے کہ امیر عبد الکریم اس کے دربار سے منسلک تھا۔ چونکہ اس کتاب میں کوئی مقدمہ نہیں ہے، اس لیے بہت ساری باتوں پر پردہ پڑا ہوا ہے۔ اگر سرورق پر مصنف کی یہ تحریر نہیں ملتی" شرح الشمسیۃ الفہ اضعف عباد اللہ ابو اسحق بن عبد اللہ عفی عنہما" تو مصنف کے نام سے بھی واقف ہونا مشکل تھا۔ یہ تحریر اس حقیقت سے بھی آشنا کراتی ہے کہ زیر بحث مخطوطہ مصنف کے ہاتھ کا لکھا ہوا ہے۔ ترقیمہ سے واضح ہوتا ہے کہ بہت کم وقت میں یہ کتاب لکھی گئی:

قد تمت ھذہ النسخۃ و اکملتھا علی سبیل الاستعجال... من شھر شوال فی (سنۃ

ثلاث وستین وتسع ماۃ)۹۶۳ فی بلدۃ گولکنڈا من اعمال تلنگ...

سرورق کی ایک تحریر سے معلوم ہوتا ہے کہ یہ مخطوطہ کسی زمانے میں گجرات کی نظامیہ محمودیہ لائبریری کی ملکیت میں تھا۔ ۱۶۸ اوراق پر مشتمل یہ مخطوطہ عربی زبان میں علم حساب کے موضوع پر ہے۔ چوں کہ اس کی تصنیف گولکنڈا میں ابراہیم قلی قطب شاہ کے دور میں ہوئی، اس لیے غالب گمان ہے کہ محمد قلی قطب شاہ کی نظروں سے بھی یہ مخطوطہ گزر چکا ہوگا۔

یہ چاروں وہ مخطوطات ہیں جو کسی نہ کسی طور پر محمد قلی قطب شاہ کے دور سے تعلق رکھتے ہیں۔ اس کے علاوہ چند مخطوطات ایسے بھی ہیں جو محمد قطب شاہ اور عبد اللہ قطب شاہ کے دور کے ہیں۔ اس کی تفصیل یہ ہے:

(۵) دیوان حافظ (HL ۳۲۰):

دیوان حافظ کے متعدد نسخے خدا بخش لائبریری میں موجود ہیں۔ لیکن یہ نسخہ اس لائبریری کے نادر ترین نسخوں میں شامل ہے۔ اس کی خصوصیت یہ ہے کہ محمد قطب شاہ کی فرمائش پر محمد حسن کاتب نے ۱۰۲۰ھ / ۱۶۱۱ میں اس کی کتابت کی۔ ابتدا میں کاتب کی یہ تحریر ملتی ہے:

"دیوان خواجہ حافظ تمام شد در کتاب خانہ عامرہ بخط محمد حسن کاتب بتاریخ اوائل ماہ جمادی سنہ ۱۰۲۰ در دار السلطنت حیدرآباد... الخالص لمولاہ سلطان محمد قطب شاہ"

کاتب کی اس عبارت کے نیچے محمد قطب شاہ کی مہر ہے۔ یہ مخطوطہ ۲۶۲ اوراق پر مشتمل ہے۔

(۶) تاریخ سلطان محمد قطب شاہی (HL ۱۶۵):

سلطان محمد قطب شاہ (۱۰۲۰/ ۱۶۱۱ـ ۱۰۵۳/ ۱۶۲۵) سے قبل " تاریخ قطب شاہی و سایر سلاطین دکن و محاربات او" کے نام سے قطب شاہی دربار سے منسلک (یکی از چاکران این دربار) کسی مورخ نے اس تاریخ کو مرتب کیا تھا۔ چوں کہ یہ ضخیم تھی اس لیے محمد قطب شاہ نے اپنے دربار کے مورخ کو حکم دیا کہ اس سے قطب شاہی سلطنت کی ایک مختصر تاریخ مرتب کی جائے۔ خاتمہ میں ایک عبارت ہے:

این مختصر کہ اواخر شعبان سنۃ ست و عشرین والف و اوائل بیست و ہفتم از عمر شریف حضرت ظل الٰہی قریب شش سال است...

اس سے معلوم ہوتا ہے کہ اس کی ابتدا۱۰۲۶ھ کے آخری شعبان میں ہوئی اور اختتام ۱۰۲۷ھ /۱۶۱۷ کے اوائل میں ہوا۔ اس کتاب کو ایک مقدمہ، چار مقالے، اور ایک خاتمہ میں منقسم کیا گیا ہے۔ مقدمہ میں امیر قرا یوسف ترکمان اور اس کی اولاد کا ذکر ہے۔ مقالہ اول میں قلی قطب الملک، مقالہ دوم میں جمشید قطب الملک اور سبحان قلی، مقالہ سوم میں ابراہیم قطب شاہ، مقالہ چہارم میں محمد قلی قطب شاہ اور خاتمہ میں ۱۰۲۵ /۱۶۱۶تک محمد قطب شاہ کی تاریخ ہے۔ اسی خاتمے میں مصنف نے لکھا ہے کہ اگر قسمت نے یاوری کی تو اس دور کی بقیہ تاریخ بھی مرتب کروں گا۔ قسمت نے یاوری کی یا نہیں اس کے بارے میں کوئی معلومات دستیاب نہیں ہے۔ اس مخطوطے میں محمد قلی قطب شاہ کی چار فارسی غزلیں موجود ہیں۔ ۳۱۳اوراق پر مشتمل اس مخطوطے کی کتابت ۱۱۷۱ھ میں ہوئی۔

(۷) دیوان اثیر اومانی (HL۳۰۵):

اثیر الدین عبد اللہ اومانی (وفات ۶۶۵ھ/ ۱۲۶۶) نصیر الدین طوسی (۶۷۲ھ/ ۱۲۷۳) کے شاگردوں میں عربی و فارسی کے ایک مشاق موزوں طبع تھے۔ کمال اصفہانی اور مجد ہمگر جیسے ممتاز شعرا اس کے ہم عصر تھے۔ شاعر کردستان کے حکمراں سلطان سلیمان سے بہت متاثر نظر آتا ہے کیوں کہ اس نے اپنے دیوان میں شاہ کردستان کی خوب مدح سرائی کی ہے۔ خدابخش کا یہ نسخہ ۱۰۱۵ھ کا مکتوبہ ہے۔ ترقیمہ کی عبارت ہے:

تمام شد دیوان اثیر الدین اومانی رحمہ اللہ علیہ در تاریخ شہر شوال ۱۰۱۵ھ (سنۃ خمس عشرۃ والف)

آخری صفحے پر ایک اور تحریر ملتی ہے:

بابت تحفہ آوردہ میر شاہ محمود شہور سنۃ ثلاث (و) عشر (ین) (و) الف بتاریخ بیست و چہارم شہر صفر ۱۰۲۳ھ

اس سے معلوم ہوتا ہے کہ ۱۰۲۳ھ میں میر شاہ محمود نے اس وقت کے قطب شاہی حکمراں کو تحفے میں پیش کیا تھا۔ اس مخطوطے کی خصوصیت یہ ہے کہ سرورق پر تین مہریں موجود ہیں۔ پہلی میر نجات قلی خاں مورخہ ۱۱۵۰ھ، دوسری محمد قطب شاہ اور تیسری عبد اللہ قطب شاہ کی ہیں۔ محمد قطب شاہ کی مہر کی وہی عبارت ہے، جو انوار العقول فی اشعار وصی الرسول اور غنیۃ الحساب میں ہے۔ البتہ عبد اللہ قطب شاہ کی مہر میں جو عبارت درج ہے، وہ ان مہروں سے الگ ہے جو سید مسعود احمد رضوی نے اپنے مضمون میں تحریر کیا ہے۔ مہر کی مکمل عبارت ہے:

انی عبد اللہ آتانی الکتاب بندہ شاہ ولایت قطب شاہ۔

خدا بخش کے کیٹلاگر نے صرف عبد اللہ قطب شاہ کی مہر کا ذکر کیا ہے۔ بقیہ دونوں مہروں کی جانب اشارہ تک نہیں کیا ہے۔ یہ مخطوطہ ۱۰۳ اوراق پر مشتمل ہے۔

(۸) جہانگیر نامہ (HL۱۱۳):

یہ بادشاہ جہانگیر کی خود نوشت تاریخ ہے، جسے اس نے اپنی حکومت کے تیسرے سال یعنی ۱۰۱۷ھ /۱۶۰۸ میں ایک ڈرافٹ کی شکل میں مرتب کیا تھا۔ اس میں ۱۰۱۷/ ۱۶۰۸ تک کے واقعات مندرج ہیں۔ جس وقت یہ کتاب لکھی گئی اس وقت جہانگیر کی عمر ۴۰ سال تھی۔ اس کے تین سال کے بعد ۱۰۲۰ھ /۱۶۱۱ میں محمد مومن عرب شیرازی نے حیدرآباد کے قطب شاہی کتب خانے کے لیے کتابت کی۔ ترقیمہ میں مذکور ہے:

بتاریخ یوم الاربعاء سلخ ذوالحجۃ سنۃ (عشرین و الف) ۱۰۲۰ در دار السلطنت حیدرآباد مصنۃ عن کل شر و فساد برسم خزانۃ کتب اعلی حضرت السلطان العادل الکامل افتخار السلاطین فی الزمان و اشرف الخواقین فی الدوران السلطان ابن السلطان السلطان الخاقان ابن الخاقان... لازال رایات دولتہ منصورۃ منصورۃ و اعداء حضرتہ مقهورۃ بیدہ الفقیر محمد مومن مشهور بہ عرب شیرازی سمت تحریر یافت۔

اس ترقیمہ میں الخاقان ابن الخاقان کے بعد محمد قلی قطب شاہ کی مہر کے لیے جگہ چھوڑی گئی تھی لیکن کسی وجہ سے وہ ثبت نہ ہو سکی البتہ سر ورق پر ان کی مہر مورخہ ۱۰۲۰ھ موجود ہے اس کے بعد عبد اللہ قطب شاہ کی مہر ہے۔ اس کا عکسی

ایڈیشن خدابخش لائبریری سے شائع ہو چکا ہے۔ یہ مخطوطہ قطب شاہی سلطنت کے زوال اور عالگیری سلطنت کے عروج کا رازداں بھی ہے۔ سرورق پر اورنگ زیب کے لڑکے محمد سلطان کی ایک تحریر ملتی ہے:

"این کتاب جہانگیر نامہ را کہ حضرت جنت مکانی خود تصنیف نمودہ اند در دار الفتح حیدرآباد از کتابخانہ قطب الملک گرفتہ۔ حررہ محمد سلطان

یعنی جب اورنگ زیب کے زمانے میں حیدرآباد فتح ہوا تو قطب الملک کے کتب خانے سے اس نسخے کو قبضے میں لے لیا گیا۔ ۱۱۹ اوراق پر محیط خدابخش لائبریری کا یہ نادر ترین مخطوطہ ہے۔

(۹) برہان قاطع (HL۷۷۰):

محمد حسین برہان نے ۱۰۶۱ھ میں اس کتاب کو مرتب کیا اور اسے عبد اللہ قطب شاہ کے نام سے منسوب کیا۔ مصنف اس وقت اپنی علمی لیاقت اور ادبی مہارت کی وجہ سے بہت مشہور تھے۔ بعد میں غالب نے اس کتاب کی خامیوں کو اجاگر کیا۔ مخطوطے کی ابتدا میں ایک تحریر ملتی ہے:

شروع درین نسخہ در دور سہ شنبہ بیست و ششم شہر شعبان المعظم سنہ ہزار و یک صد و پنجاہ و یک از ہجرت النبوی ﷺ۔

اور ترقیمہ میں ہے: تمام (شد) کتاب مستطاب بعنایت ملک ... بتاریخ ۱۱ شہر ربیع الثانی ۲۵۱۱۔۔۔ روز چہار شنبہ

ان دونوں تحریروں سے معلوم ہوتا ہے کہ کتابت کی ابتدا ۱۱۵۱ھ میں ہوئی اور اختتام ۱۱۵۲ھ میں ہوا۔

مذکورہ بالا علمی و ادبی کارنامے یہ ثبوت فراہم کرتے ہیں کہ محمد قلی قطب شاہ کے شب و روز صرف معشوقوں کے جھرمٹ میں ہی بسر نہیں ہوتے تھے بلکہ امور سلطنت کے علاوہ علم و ادب کے برہم گیسو کو سنوارنے اور فکر و فن کی الجھی لٹوں کو سلجھانے میں بھی ان کا وقت گزرتا تھا۔ ویسے تو بہت سارے حکمراں دنیا پر حکومت کر چکے ہیں لیکن آج وہی حکمراں زندہ اور جاوید ہے جس کا دربار علم و ادب کا مخزن تھا۔ اس کے علاوہ جن بادشاہوں نے صرف حکومت کی یا عیش و عشرت میں مگن رہے، وہ تاریخ کے صفحات میں کہیں گم ہو گئے۔ زندہ رہنے کے لیے عشق ایک ضروری شے ہے:

ہرگز نمیرد آن کہ دلش زندہ شد بعشق ثبت است بر جریدہ عالم دوام ما

عشق ہر حال میں مطلوب ہے خواہ وہ معشوق کے ساتھ ہو یا علم و ادب کے ساتھ۔ عشق و طلب کے بغیر دائمیت ناممکن ہے۔

***

۵

حیدرآباد کی چند اہم خواتین ناول نگار

جاوید شاہ آبادی

شہر حیدرآباد اپنی بیش بہا خصوصیات کی بنا پر اپنی ایک منفرد پہچان رکھتا ہے۔ ابتدا ہی سے یہ شہر اپنی منفرد زبان، تہذیب اور ثقافت کا مرکز رہا ہے۔ بالخصوص اس شہر سے اردو زبان وادب کی ہمیشہ ہی سرپرستی ہوتی رہی ہے۔ یہاں کی سرزمین اردو ادب کے لیے بہت زرخیز ثابت ہوئی ہے۔ اردو ادب کے پہلے صاحبِ دیوان شاعر سلطان محمد قلی قطب شاہ کا تعلق اسی سرزمین سے ہے۔

حیدر آباد کے حکمرانوں کو اردو ادب سے کافی شغف تھا، وہ خود صاحب طرز شاعر وادیب تھے اور ادیبوں کی سرپرستی ان کا شیوہ تھا۔ یہاں کی خاک سے بے شمار شعرا وادبا نے جنم لیا، جنھوں نے ہر دور میں ادب کی آبیاری کی اور اپنی علم دوستی اور دانشوارانہ صلاحیتوں کی وجہ سے دنیا میں اپنے وطن کا نام روشن کیا۔ عہد آصفیہ سے قبل ہندستان کے لوگ قدیم روایات کے پابند تھے۔ خاص کر حیدرآباد کا ماحول عورتوں کے لیے سخت گیر تھا۔ اکثر گھرانوں کی خواتین گھر کی چہار دیواری سے باہر نہیں نکل سکتی تھیں۔ لیکن وقت گزرنے کے ساتھ اس رویے اور قدامت پسند

ماحول میں تبدیلی آنے لگی۔

انیسویں صدی میں حیدرآباد میں تحریک نسواں کا آغاز ہوا، جس کا اثر معاشرتی اور تمدنی زندگی پر راست یا بلاواسطہ طور پر ضرور پڑا۔ اس تحریک کی وجہ سے خواتین کو ایک حوصلہ اور ہمت ملی، جس کی بدولت انھوں نے نہ صرف خود تعلیم حاصل کی بلکہ سماج میں روشن خیالی اور حصول علم کے رجحان کی تربیت کی۔ تحریک نسواں نے بہت سی خواتین نثر نگاروں کو پیدا کیا، جن میں جیلانی بانو، عفت موہانی، آمنہ ابوالحسن، رفیعہ منظورالامین، قمر جمالی وغیرہ نے اپنی کاوشوں سے اردو نثر کو بہت آگے لے جانے میں کوئی کسر باقی نہیں چھوڑی۔ ان نثر نگار خواتین نے اپنے فن پاروں کو کسی مخصوص موضوع تک محدود نہیں رکھا بلکہ تقریباً تمام موضوعات پر قلم اٹھایا۔ انھوں نے اپنی تخلیقات کے ذریعے اردو ادب میں اپنی شناخت برقرار رکھی ہے۔ شاعری، افسانہ نگاری، تنقید، تدریس، غرض ہر میدان میں خواتین دکن کی صلاحیتوں کے نقوش نمایاں طور پر نظر آتے ہیں۔

حیدرآباد کی خواتین ناول نگاروں نے بیسویں صدی کے نصف آخر میں ناول لکھنے شروع کیے اور تب سے آج تک یہ عمل مسلسل جاری ہے۔ کئی خواتین ناول نگار آج بین الاقوامی شہرت کی مالک ہیں۔ انہوں نے فن اور موضوع دونوں اعتبار سے اسے وسعت بخشی ہے۔ ان ناول نگار خواتین نے اپنے ناولوں میں عورتوں کے بنیادی مسائل کو جگہ دی ہے اور ناول کے ذریعہ عورتوں کی تعلیم و تربیت، سماجی و اخلاقی اور معاشرتی خامیوں کو دور کرنے کی بھی سعی کی ہے۔ ان کے نزدیک عورتوں کا ناخواندہ ہونا ہی تمام خامیوں اور برائیوں کی جڑ ہے۔ عورت اگر تعلیم یافتہ

ہو گی تو کامیاب زندگی گزار سکے گی۔ اس کے علاوہ انھوں نے سماج کے فرسودہ رسم و رواج کی طرف بھی لوگوں کی توجہ مبذول کرنے کی کوشش کی ہے۔

جیلانی بانو

جیلانی بانو اردو کی مشہور و معروف فکشن نگار ہیں، انھوں نے اپنی تخلیقات کے ذریعے سماج کے مختلف مسائل خصوصاً سرزمینِ حیدرآباد کی معاشرتی و سیاسی فضا، تہذیبی و ثقافتی زندگی کے مختلف پہلوؤں کو اجاگر کرنے کی کوشش کی ہے۔ جیلانی بانو کی ولادت اتر پردیش کے مردم خیز شہر ضلع بدایوں میں ۱۴ جولائی ۱۹۳۶ کو ہوئی۔ جیلانی بانو نے جس عہد میں ہوش سنبھالا وہ جاگیر دارانہ ماحول و معاشرے کی ٹوٹتی بکھرتی روایتوں اور قدروں، سیاسی و سماجی تغیرات اور تحریک آزادی کا دور تھا۔ اس دور کے حالات و مسائل نے ان کے حساس ذہن کو متاثر کیا۔ اور جب انھوں نے قلم اٹھایا تو اپنی تمام فن کارانہ صلاحیتوں کو بروئے کار لانے کی کوشش کی۔ انسانی زندگی کے نشیب و فراز اور دیگر سیاسی، سماجی مسائل کو کہانیوں کے پیرائے میں ڈھال دیا۔ ان کی تخلیقات میں حقیقت پسندی اور سیاسی و سماجی شعور کی پختگی کا بھرپور اظہار ملتا ہے۔ جیلانی بانو نے نثر کی تمام اصناف پر طبع آزمائی کی ہے۔ انھوں نے اپنا تخلیقی سفر ملک کی آزادی کے بعد شروع کیا۔ ان کی پہلی کہانی کا نام "موم کی مریم" ہے جو کہ ادب لطیف لاہور کے سالنامے میں شائع ہوئی تھی۔ اس کے بعد ان کا قلم بلا کسی جھجھک کے چل پڑا۔ انھوں نے افسانہ و ناول نگاری کے ساتھ ساتھ کتابوں پر تبصرے بھی کیے ہیں۔ روزنامہ سیاست میں کالم "شیشہ و تیشہ" بھی لکھا ہے۔ مختلف اخبارات ورسائل میں ان کی تخلیقات شائع ہوتی رہی ہیں۔

جیلانی بانو کے دو مشہور ناول "ایوان غزل" اور "بارش سنگ" ہیں۔ ان کا پہلا ناول "ایوان غزل" ہے، جو ۱۹۷۶ء میں شائع ہوا۔ اس ناول کا نام پہلے "عہد ستم" تھا لیکن اس وقت ایمر جنسی کی وجہ سے کتابوں پر سنسر شپ عائد تھی اور یہ نام چوں کہ قابل اعتراض تھا لہذا اس کا نام بدلنا پڑا۔ یہ ناول آزادی سے قبل اور آزادی کے بعد تک کے چند برسوں کی حیدرآبادی ثقافت و تہذیب کی حقیقی عکاسی کرتا ہے۔ اس ناول میں ریاست حیدرآباد کے زوال پزیر جاگیر دارانہ معاشرے میں پیدا شدہ حالات و مسائل کو موضوع بنایا گیا ہے۔ "ایوان غزل" دراصل ایک تہذیبی اور سماجی ناول ہے، جس میں ریاست حیدرآباد کے زوال کی داستان پیش کی گئی ہے۔ جیلانی بانو نے "ایوان غزل" لکھ کر اردو ناولوں کی فہرست میں ایک اچھے ناول کا اضافہ کیا۔ آج اس ناول کا شمار اردو کے پسندیدہ ناولوں میں کیا جاتا ہے۔

جیلانی بانو کا دوسرا ناول "بارشِ سنگ" "۱۹۸۴ میں کراچی پاکستان سے اور ۱۹۸۵ میں حیدرآباد دکن سے شائع ہوا۔ بارش سنگ کا سب سے پہلے مراٹھی زبان میں ترجمہ کیا گیا اور حیدرآباد سے شائع ہونے والے رسالے "پنج دھارا" میں اسے قسط وار شائع کیا گیا۔ بارش سنگ کا انگریزی میں بھی ترجمہ کیا گیا اور "A Hail of Stones" کے نام سے دہلی سے شائع کیا گیا ہے۔ "پتھروں کی بارش" کے نام سے اس کا ترجمہ ہندی میں ۱۹۸۷ میں دہلی سے شائع کیا گیا۔ "بارشِ سنگ" تلنگانہ کے کسان تحریک کے پس منظر میں تصنیف کیا گیا ہے، جس میں آزادی سے قبل اور آزادی کے چند برسوں بعد تک حیدرآباد کے رہنے والے دیہی علاقوں کے غریب کسانوں، مزدوروں اور عورتوں کے حالات و مسائل کی حقیقی عکاسی کی گئی ہے۔

جاگیر دارانہ نظام کا ظلم و ستم، معاشی استحصال، سماجی غیر برابری اور طبقاتی کشمکش اس ناول میں پوری شدت کے ساتھ موجود ہے۔

رفیعہ منظورالامین

رفیعہ منظورالامین حیدرآباد کی ایک مشہور و معروف فکشن رائٹر ہیں۔ ان کی ولادت حیدرآباد کے ایک تعلیم یافتہ گھرانے میں ہوئی۔ ابتدا میں ان کی تعلیم کاچی گوڑہ، حیدرآباد کے ایک اسکول میں ہوئی۔ ابتدائی تعلیم حاصل کرنے کے بعد انھوں نے کاچی گوڑہ سے ہی میٹرک کا امتحان پاس کیا۔ اپنا تعلیمی سفر جاری رکھتے ہوئے انھوں نے B.Sc. ویمینز کالج، کوٹی، حیدرآباد سے کیا۔ رفیعہ منظورالامین کو بچپن ہی سے کہانیاں لکھنے کا شوق تھا۔ انھوں نے پہلی کہانی آٹھ سال کی عمر میں لکھی تھی جو دہلی سے شائع ہونے والے رسالے "پیامِ تعلیم" میں شائع ہوئی تھی۔ کالج میں بھی وہ ادبی سرگرمیوں میں بڑھ چڑھ کر حصہ لیتی تھیں۔ کالج میگزین "کاسماس" کی ادارت کے فرائض بھی انہوں نے انجام دیے۔ ان کا پہلا ناول "سارے جہاں کا درد" پہلی بار ۱۹۷۴ میں اور اس کے دس سال بعد دوبارہ ۱۹۸۴ میں نظامی پریس، لکھنؤ سے شائع ہوا۔ یہ ناول ۳۴۳ صفحات پر مشتمل ہے۔ "عالم پناہ" مصنفہ کا دوسرا ناول ہے۔ اس ناول کے تین اڈیشن شائع ہوئے ہیں۔ ناول کو ہندوستان گیر شہرت حاصل ہوئی ہے۔ "عالم پناہ" کا ہندی زبان کے علاوہ کنڑ میں بھی ترجمہ ہوا۔ ہندی میں ناول کا ترجمہ منظورالامین نے کیا ہے۔ موصوفہ کا تیسرا ناول "یہ راستے" ۱۹۹۵ میں انجمن ترقی اردو، آندھرا پردیش، اردو ہال، حمایت نگر، حیدرآباد سے چھپ کر منظر عام پر آیا ہے۔

واجدہ تبسم

واجدہ تبسم اردو فکشن کا ایک اہم نام ہے۔ بر صغیر کی یہ نامور شخصیت امراوتی میں ۱۶ مارچ ۱۹۳۵ کو پیدا ہوئی۔ ادبیات اردو میں جامعہ عثمانیہ سے ماسٹرز ڈگری حاصل کی۔ بعد میں کچھ ایسے حالات بنے کہ انھیں اپنے اہل خانہ کے ساتھ ۱۹۴۷ میں حیدرآباد دکن میں مستقل قیام کرنا پڑا۔ حیدرآباد کا دکنی لہجہ جو کہ دیگر صوبوں کی اردو سے قدر مختلف ہے، ان کی کہانیوں اور افسانوں میں دیکھنے کو ملتا ہے۔ دکنی زبان کے محاورے، ضرب الامثال کو انہوں نے بڑی چابک دستی سے استعمال کیا ہے۔ سرزمین دکن کی قدیم داستانوں، بود وباش اور رسوم کو انھوں نے اپنی تخلیقات میں بڑی خوبصورتی سے پیش کیا ہے۔ "کیسے کاٹوں رین اندھیری" اور "نتھ کی عزت" ان کے دو مشہور ناول ہیں، جن میں موصوفہ نے حیدرآباد دکن کی خاص مسلم تہذیب کو اجاگر کرنے کی سعی کی ہے۔

واجدہ تبسم کے ناولوں کا ایک مرکزی موضوع طوائف رہا ہے۔ حیدرآبادی معاشرت میں طوائف کا کردار اس کی زندگی کے نشیب وفراز، اس کی خوشیاں، اس کے غم، اس کی خواہشیں اور گھریلو زندگی پر اس کے اثرات کا تجزیہ بڑی خوبی کے ساتھ واجدہ تبسم نے اپنے ناولوں میں پیش کیا ہے۔ "نتھ کی عزت" اگرچہ ایک مختصر ناول ہے لیکن اس میں "حیا" نامی طوائف کے جذبات واحساسات کا ایک سمندر ٹھاٹھیں مارتا ہوا دکھائی دیتا ہے۔ واجدہ تبسم نے انتہائی مہارت اور چابک دستی سے اس کا کردار تشکیل کیا ہے۔ "کیسے کاٹوں رین اندھیری" بھی حیدرآبادی ماحول پر لکھا گیا ایک دلچسپ اور عبرت آموز المیہ ناول ہے۔ اس ناول میں مصنفہ

نے اس حقیقت سے پردہ اٹھایا ہے کہ کس طرح طوائفوں کے پیچھے ہنستے کھیلتے بسے بسائے گھر برباد ہو جاتے ہیں۔ حیدرآباد کی سماجی زندگی میں طوائف کے ناسور نے جو تباہیاں مچار کھی تھیں، ان کا بیان ہی دراصل "کیسے کاٹوں رین اندھیری" کا موضوع ہے۔ اس وجہ سے یہ ناول ایک اصلاحی کتاب ہے، جسے ناول کے پیرائے میں لکھ کر مصنفہ نے ایک قابل قدر خدمت انجام دی ہے۔

صغرا ہمایوں مرزا

اردو دنیا میں صغرا ہمایوں مرزا ایک ادیبہ، شاعرہ، مدیرہ اور سماجی خدمت گزار کی حیثیت سے جانی اور پہچانی جاتی ہیں۔ بیگم صغرا ہمایوں کی ولادت ۱۸۸۴ میں حیدرآباد میں ہوئی اور ۱۹۵۹ میں حیدرآباد ہی میں انتقال ہوا۔ ان کی شادی 1901 میں ہمایوں مرزا صاحب سے ہوئی۔ شادی کے بعد دونوں نے حیدرآباد ہی میں مستقل سکونت اختیار کرلی۔ حیدرآباد میں رہ کر انہوں نے بہت سے فلاحی کام انجام دیے۔ لڑکیوں کی فلاح و بہبود کے خیال سے انہوں نے ایک مدرسہ صفدریہ قائم کیا، جس کے لیے موصوفہ نے اپنی جائداد کا ایک حصہ وقف کر دیا۔ اس مدرسے میں آج بھی تعلیم کے ساتھ ساتھ مختلف پیشہ ورانہ کورسز سکھائے جاتے ہیں۔ صغرا ہمایوں مرزا نے نہ صرف فلاحی کام انجام دیے بلکہ اپنے قلم کے ذریعے سماج کی اصلاح کرنے کی کوشش بھی کی ہے۔ مصنفہ کا شمار اردو کی اولین خواتین ناول نگاروں میں ہوتا ہے۔ انہوں نے تقریباً چودہ ناول لکھے ہیں، جن میں "تحریر النساء"، "موہنی"، "مشیر نسواں"، "زہرہ" اور "سرگزشت ہاجرہ" بہت مقبول ہوئے۔ بیگم صغرا ہمایوں مرزا کی تحریروں میں عموماً بیانیہ تکنیک کا استعمال کیا گیا ہے۔ اپنے عہد

میں ان کی تخلیقات کافی مقبول ہوئیں۔ عوام اور خواص دونوں طبقوں میں مصنفہ کی تخلیقات بڑے شوق اور دلچسپی کے ساتھ پڑھی جاتی تھیں۔ ان کے فن پاروں میں اس عہد کے گہرے نقوش نظر آتے ہیں، جس کی بدولت اس عہد کی روایات کو سمجھنے میں آسانی ہوتی ہے۔

فاطمہ تاج

فاطمہ تاج حیدر آباد دکن کی ادب خیز سرزمین سے تعلق رکھتی ہیں۔ وہ حیدرآباد کی ان باشعور خواتین میں سے ایک ہیں، جنھوں نے ہر صنف پر طبع آزمائی کی ہے۔ جیسے غزل، نظم، افسانہ، ناول، انشائیہ، خاکہ وغیرہ۔ فاطمہ تاج کی ولادت حیدرآباد میں ۲۵ / اکتوبر ۱۹۴۸ء کو ہوئی۔ ان کے آباو اجداد مدینہ منورہ سے ہندوستان آکر آباد ہوئے۔ فاطمہ تاج کے دو ناول "جب شام ہو گئی" اور "نقشِ آب" اور ایک ناولٹ "وہ" منظر عام پر آچکے ہیں۔ فاطمہ تاج اپنی پر کشش تحریر سے اپنے احساسات، جذبات، تجربات و مشاہدات سب کچھ صفحہ قرطاس پر بکھیر دیتی ہیں۔ فنی نقطۂ نظر سے اگر دیکھا جائے تو انہوں نے اپنی تمام صلاحیتوں کو بروئے کار لانے کی کوشش کی ہے۔ فاطمہ تاج اچھی ناول نگار ہیں۔ ان میں بات کہنے کا سلیقہ موجود ہے۔ انہوں نے تقریباً تمام موضوعات پر اظہار خیال کیا ہے۔ ان کا یہ وصف ان کے شعور اور فن کا آئینہ دار ہے۔ فاطمہ تاج ہر لحاظ سے قابل قدر اور لائق ستائش ہیں۔

آمنہ ابوالحسن

حیدر آباد کی فکشن نگار خواتین میں آمنہ ابوالحسن کا نام کسی تعارف کا محتاج

نہیں۔ سید آمنہ ابوالحسن جو آمنہ ابوالحسن کے نام سے ادبی دنیا میں پہچانی جاتی ہیں، حیدر آباد کے ایک تعلیم یافتہ گھرانے میں ۱۰ مئی ۱۹۴۱ کو پیدا ہوئیں۔ آپ کے نانا اپنے وقت کے جید عالم تصور کیے جاتے تھے۔ آمنہ ابوالحسن کے والد کا نام ابوالحسن سید علی تھا۔ آمنہ ابوالحسن کے بچپن میں ہی ان کی والدہ کا انتقال ہو گیا تھا۔ اپنے والد کے زیر سایہ انہوں نے تعلیم و تربیت حاصل کی۔ ان کے والد ابوالحسن سید علی مرحوم نامور قانون داں اور سیاست داں ہونے کے ساتھ ساتھ سیاسی رہنما بھی تھے۔ مصنفہ کی شادی دورانِ تعلیم ہی جناب مصطفی علی اکبر صاحب سے ہوئی جو آل انڈیا ریڈیو میں نیوز ریڈر کی حیثیت سے کام کر رہے تھے۔ آمنہ ابوالحسن ۹ اپریل ۲۰۰۵ کو سرائے فانی سے عالم لافانی کو منتقل ہو گئیں۔

آمنہ ابوالحسن کو بچپن ہی سے کہانی لکھنے کا شوق تھا۔ ان کی پہلی کہانی "ننھی کلی" کے عنوان سے بچوں کے لیے شائع ہونے والے رسالے میں چھپی تھی، اس وقت موصوفہ آٹھویں جماعت کی طالبہ تھیں۔ کہانی شائع ہونے کے بعد ان کے قلم میں خود اعتمادی آگئی اور دیکھتے ہی دیکھتے ان کی تخلیقات یکے بعد دیگرے منظرِ عام پر آنے لگیں۔ انہوں نے متعدد ناول لکھے جنھیں اردو ادب میں بہترین ناول تسلیم کیا جاتا ہے۔ مثال کے طور پر "سیاہ سرخ سفید"، "تم کون ہو"، "واپسی"، "مہک"، "یادش بخیر" وغیرہ۔

آمنہ ابوالحسن کا سب سے پہلا ناول "سیاہ سرخ سفید" ۱۹۶۸ میں نیشنل بک ڈپو، مچھلی کمان حیدر آباد سے شائع ہو کر منظر عام پر آیا۔ یہ ناول ۲۲۴ صفحات پر مشتمل ایک رومانی ناول ہے۔ ان کا دوسرا ناول " تم کون ہو" ۱۹۷۴ میں نیشنل

پرنٹنگ پریس، چار کمان، حیدر آباد سے شائع ہوا یہ ناول ۱۶۴ صفحات پر مشتمل ایک معاشرتی ناول ہے۔ ان کا ایک اور ناول " واپسی "۱۹۸۱ میں موڈرن پبلشنگ ہاوس، گول مارکٹ سے شائع ہوا۔ "یادش بخیر "۱۹۹۴ میں موڈرن پبلشنگ ہاوس، دریا گنج، نئی دہلی سے شائع ہوا۔ ناول "یادش بخیر" میں قدیم تہذیب اور جدید دونوں رجحانات پائے جاتے ہیں۔ مصنفہ نے ناول میں کہیں کہیں خود کلامی سے کام لیا ہے اور اس کے وسیلے سے کرداروں کے افکار و تصورات کی ترجمانی کی ہے۔

قمر جمالی

قمر جمالی کا اصلی نام قمر سلطانہ اور قلمی نام قمر جمالی ہے۔ موصوفہ کی پیدائش ڈسٹرکٹ نلگنڈہ کے ایک گاؤں ایٹور میں 1950 کو ہوئی۔ وہ دکن کی ایک مقبول و معروف فکشن نگار تصور کی جاتی ہے۔ قمر جمالی کے ادبی سفر کا با قاعدہ آغاز "اے چاند چھپ نہ جانا" سے ہوا جو ایک عشقیہ موضوع پر مبنی کہانی ہے جو ایک ہفتہ وار اخبار "رسالہ روداد حیات" دہلی میں ۱۹۶۶ میں چھپا تھا۔ قمر جمالی بنیادی طور پر افسانہ نگار ہیں۔ لیکن قمر جمالی ان تخلیق کاروں میں گردانی جا سکتی ہیں جنہوں نے ناول اور افسانہ دونوں کے تئیں حق ادا کیا ہے۔ قمر جمالی نے "آتش دان" لکھ کر اپنی تخلیقیت اور فنی بصیرت کا مسلّم ثبوت ادبی دنیا کو فراہم کیا ہے۔ 'آتش دان' نہایت ہی سہل اور آسان زبان میں لکھا گیا ہے جس میں وقت کے فلسفے کو ایک لطیف انداز میں پیش کیا گیا ہے اور اشاروں کنایوں میں زندگی کے فلسفے کو سمجھایا گیا ہے۔ موصوفہ کا یہ پہلا ناول ہے۔ اب تک انہوں نے صرف افسانوی ادب تخلیق کیا ہے۔ اصولی طور پر اس ناول میں افسانوی رنگ زیادہ ہونا چاہئے تھا لیکن ایسا

نہیں ہے۔ انہوں نے اس میں ایک نئے موضوع کو جگہ دی ہے۔ گاؤں کے کسانوں کی مظلومیت، انانیت اور سیاست کی غنڈہ گردی، دولت اور قبیلے کے بل بوتے پر ڈکٹیٹر شپ کی چکی میں پسے ہوئے عام انسان کو موضوع بنایا گیا ہے۔

ناول نگار نے ایک چھوٹے سے دیہات کے ذریعہ ہندوستان کی سماجی، سیاسی اور معاشی زندگی کو پیش کیا ہے۔ اس ناول میں جہاں ایک طرف سیاسی لیڈر کی انا پرستی اور ظلم کو واضح کیا گیا ہے وہیں انسان کی دم توڑتی قدیم سماجی زندگی کو بھی پیش کیا گیا ہے۔ قمر جمالی کا ناول " آتش دان " فنی نقطۂ نظر سے کامیاب ناول ہے۔ قمر جمالی نے اس وقت مارکسی نظریہ کو احیائے نو بخشا جب ہمارا اردو ادب نئے نظریات کے دھندلکوں میں کہیں گم ہو گیا تھا اور حقیقت نگاری کے بجائے غیر منکشف چیزوں پر زور دیا جاتا تھا۔ مجموعی طور پر قمر جمالی ایک ایسی نسائی آواز ہے جو اپنی تحریروں کی وساطت سے اردو دنیا میں اپنی پہچان بنانے میں کامیاب نظر آتی ہیں۔ ان کا ذوقِ جمال ان کے ناول " آتش دان " میں نکھر کر سامنے آیا ہے۔ " آتش دان " میں سلگتی جلتی بے چین و بے قرار دیہاتی زندگی کو پیش کیا گیا ہے۔

***

۶

منیر شریف کی چھوٹی بڑی درگاہوں کی تاریخی اہمیت

مہتاب جہاں

۲۰۱۴ میں پٹنہ جانے کا اتفاق ہوا۔ پٹنہ ویسے تو کئی بار گئی ہوں مگر اس دفعہ کئی مشہور و معروف جگہوں کی زیارت کی اور پٹنہ کو قریب سے دیکھنے کا موقع ملا۔ ان معروف جگہوں میں بہار شریف، پھلواری شریف، نالندہ کے کھنڈرات، پٹنہ یونیورسٹی، پٹنہ کالج، مخدوم جہانیاں کا مقبرہ جسے مخدوم کنڈ بھی کہا جاتا ہے۔ کماؤ، گول گھر، تارامنڈل یہ تمام جگہیں دیدنی ہیں اور بہار کی تاریخ میں اہم حیثیت سے جانی اور پہچانی جاتی ہیں، ایک جگہ جس نے اپنی طرف ایک خاص وجہ سے توجہ مبذول کرائی وہ مقدس و پاک جگہ تھی۔ 'منیر شریف' اور اس میں واقع چھوٹی اور بڑی درگاہیں۔ چھوٹی درگاہ کو دیکھ کر ایک عجیب و غریب کیفیت اور ایک ہیبت کا عالم طاری ہوتا ہے۔ اس عمارت کی عظمت کو سلام کرنے کو جی چاہتا ہے۔ یہ پُر شکوہ عمارت اپنے پورے وقار کے ساتھ اس سرزمین پر ایستادہ ہے۔ اور یہ دیکھ کر حیرانی

ہوتی ہے اور آنکھیں خیرہ کہ کوئی پرسان حال نہ ہونے کے باوجود یہ عمارت صحیح و سالم ہے۔ اس عمارت کی خوبصورتی دل کو اپنی طرف کھینچتی ہے اور اس عمارت کا جلال و دبدبہ نگاہوں سے پوشیدہ نہیں ہوتا۔ شاید اس کی وجہ وہ پاک روحیں ہیں، جو اس میں دفن ہیں۔ میں دہلی کی رہنے والی ہوں اور یہاں بے شمار مغلیہ اور سلاطین دور کی عمارتیں اپنی پوری شان و شوکت سے دہلی و ہندوستان میں اپنے جلوے بکھیر رہی ہیں۔ خاکسار کو کئی طرح کی عمارتیں دیکھنے کا موقع ملا ہے۔ مگر نہ جانے کیوں جب بھی بہار جاتی ہوں۔ منیر شریف جائے بغیر نہیں رہ سکتی۔ گھنٹوں اس عمارت کی خوبصورتی سے لطف اندوز ہونے کا موقع ملتا ہے۔ایک بے حد پرسکون اور ویران جگہ پر واقع یہ عمارت اپنی پوری آب و تاب کے ساتھ کھڑی ہے۔ آس پاس آبادی بھی بسی ہوئی ہے جس نے عمارت کے اطراف کو کافی غلاظت اور گندگی سے آلودہ کیا ہوا ہے۔ مگر پھر بھی یہ پاکیزہ جگہ ایک عجیب سا تاثر دل پر چھوڑتی ہے۔ یہ عمارت پٹنہ سے ۲۵-۳۰ کلومیٹر مغرب میں نیشنل ہائی وے پر واقع ایک تاریخی شہر میں ہے جو عہد وسطیٰ میں کافی اہمیت کا حامل رہا ہے۔ مگر اس عمارت اور اور منیر شریف کے بارے میں بات آگے بڑھانے سے پہلے یہ لازمی معلوم ہوتا ہے کہ پہلے اس کے تاریخی پس منظر پر نگاہ ڈالی جائے۔

منیر شریف کا تاریخی پس منظر:

صوبہ بہار میں اسلامی حکومت کا آغاز محمد بن بختیار خلجی کی فتوحات سے ہوا۔ لیکن بعض واقعات سے یہ ثابت ہوتا ہے کہ محمد بن بختیار خلجی سے پہلے مسلمانوں نے یہاں قدم جمانا شروع کر دیے تھے۔ مقامی روایات کے مطابق منیر کو پہلے

سلطان محمود غزنوی کے سپاہیوں نے فتح کیا تاریخ سالار مسعود غازی سے ظاہر ہوتا ہے کہ محمود غزنوی کی وفات سے دو سال پہلے اس کا لشکر اُس کے بھانجے سالار مسعود غازی کی ماتحتی میں ہندوستان آیا۔ مسعود نے سترکھ کے مقام پر قیام کر کے مشرقی علاقوں پر چڑھائی کی۔ اکثر راجاؤں نے اکٹھا ہو کر مقابلہ کیا۔ لیکن ان میں بعض ایسے تھے جو پہلے سے سلطان محمود سے تعلق رکھتے تھے۔ اور بعض کا خیال تھا کہ ایک بھاری لشکر مسعود کی مدد کے لیے غزنی سے روانہ ہونے والا ہے۔ بہر حال مسعود نے اکثر راجاؤں کو شکست دے کر ان کی متحد طاقت کو ختم کر دیا۔ لیکن بالآخر وہ خود بھی قتل ہوا اور بہرائچ میں دفن ہوا اور اس کے بعد تقریباً ۱۶۰ سال تک سلاطین غزنین کا کوئی لشکر اس طرف نہیں آیا۔ جن مقامات پر مسعود غازی کے سپاہیوں نے جنگ کی۔ اور مقتول ہو کر مدفون ہوئے۔ عام طور سے ایسے علاقے گنج شہیداں کے نام سے مشہور ہیں۔ کڑہ مانکپور کے اطراف، غازی پور، سیوان (ضلع سارن) اور ان کے علاوہ خاص قصبہ منیر میں ایسی جگہ موجود ہے جہاں اس واقعہ کی یادگار میں سالانہ میلاد ہوا کرتا ہے۔ جو 'غازی میاں کے میلے' کے نام سے مشہور ہے۔ منیر کے مخدوم زادوں کے سفینوں سے معلوم ہوتا ہے کہ ۱۱۷۸ میں حضرت تاج فقیہ اور قطب سالار نے راجہ منیر کو شکست دے کر منیر پر قبضہ کیا قطب سالار کا مزار منیر سے دو میل پورب میں موضع مہدواں میں مسجد کے پیچھے میدان میں واقع ہے اس جنگ میں جو مسلمان شریک تھے ان میں ۲۵ آدمیوں کے نام بھی سفینوں میں مذکور ہیں ان سفینوں کی رو سے حضرت تاج فقیہ اور قطب سالار کے آنے سے پہلے ایک مسلمان مومن عارف منیر میں رہتا تھا جس کو راجہ منیر سخت

اذیتیں دیتا تھا۔ مومن نے اس راجہ سے تنگ آکر مدینہ کی راہ لی اور وہاں جاکر حضرت تاج فقیہ کو اپنا حال بیان کیا۔ حضرت تاج فقیہ جن کا اصل وطن خلیل الرحمن (ہبرون) تھا وہ ایک گروہ کو لے کر غزنی ہوتے ہوئے منیر پہنچے اور راجہ منیر سے جنگ کر کے منیر پر قابض ہوگئے۔ بہرحال اس زمانے میں مومن عارف یا کسی مسلمان کا منیر کا باشندہ ہونا اس طرح ہو سکتا ہے کہ مسعود غازی کے ساتھیوں میں سے کسی نے شاید منیر آکر سکونت اختیار کرلی ہو اور اس کی نسل میں مومن عارف، تاج فقیہ اور قطب سالار کے زمانے میں منیر کا باشندہ تھا۔

منیر اور مخدوم شرف الدین احمد:

مخدوم شرف الدین کی حیثیت صوبہ بہار میں ایک روحانی بادشاہ جیسی ہے محمد تاج فقیہ کی اولاد نے اسلام کی تبلیغ اور خدمت خلق کا جو نمونہ پیش کیا ہے اس میں اس جیسی جامع اور منظم تحریک کی مثال برّ صغیر پاک و ہند میں منفرد ہے اس خاندان نے جو خاندان مخدوم کے نام سے مشہور و موسوم ہے ۱۱۷۸-۱۶۰۸ تک یعنی چار سو تیس سال تک تبلیغ اشاعت دین اور خدمت خلق کا سلسلہ بہت ہی پامردی، تڑپ اور بصیرت کے ساتھ جاری رکھا اور اس کے بعد بھی یہ سلسلہ قائم رہا۔ شرف الدین احمد کی بدولت مشرقی ہندوستان اور بہار میں دین اسلام کو تقویت حاصل ہوئی۔

انھوں نے صرف اپنی تقریری صلاحیت سے ہی کام نہیں لیا بلکہ تحریر کے ذریعہ بھی تبلیغ اور درس و تدریس کو ملفوظات اور مکتوبات کی شکل میں پھیلایا اسلامی مسائل اور دوسری چیزوں کو جہاں اس کی وضاحت کی اشد ضرورت تھی آپ نے

اس کام کو انجام دینے کی سعی قوی کی۔ ان کی تصانیف اسلامی تاریخ کا بیش بہا خزانہ ہیں۔ آپ کی کل ۳۵ تصانیف بتائی جاتی ہیں ان میں مکتوبات صدی، مکتوبات، ملفوظات، فارسی کتاب آداب المریدین، مکتوبات دو صدی مکتوبات تین صدی، مکتوبات جوابی اور ملفوظات میں معدن المعانی وخوان پُر نعمت وغیرہ اہم ومشہور ہیں۔ مخدوم شرف الدین کو تعبیر گوئی پر بھی پورا ملکہ حاصل تھا اس کا ثبوت ہمیں معدن المعانی میں تعبیر خواب کے ایک خاص باب کے حوالے سے ملتا ہے۔ شیخ شرف الدین احمد ایک ہمہ گیر شخصیت کے مالک تھے۔ آپ کا خاندان علم وادب کا گہوارہ تھا۔ آپ شاعر بھی تھے۔ اور مشرف آپ کا تخلص تھا۔ آپ کے فالنامے، فقیری نسخے، اور دوہے اور ریختہ گوئی کے اسلوب قابلِ رشک ہیں۔ شرف الدین احمد کی والدہ بی بی رضیہ بہت ہی عبادت گزار اور بزرگ خاتون تھیں۔ مخدوم شرف الدین نے ابتدائی تعلیم گھر پر ہی پائی۔ آپ نے ۲۹ برس کی عمر میں اپنے استاد ابوتوامہ سے کلام پاک کی تفسیر، حدیث، فقہ، فلسفہ اور ریاضی کی تعلیم مکمل کی۔ دوران تعلیم ریاضت ومجاہدہ میں مشغول رہے۔ اور علم تصوف کا بھی مطالعہ کیا جسے انھوں نے اپنے مکتوبات میں تحریر کیا ہے۔ دوران تعلیم ہی آپ کی شادی ان کے استاد مکرم کی بیٹی سے ہوگئی۔ دوران تعلیم آپ گھر سے دور تھے اور جتنے خطوط بھی گھر سے آتے آپ نے ایک بھی نہیں کھولا، مگر جب فراغت پائی تو ان تمام موصولہ خطوط کو کھولا تو اس میں ان کی والدہ کی موت کی خبر تھی اس خبر سے آپ دل برداشتہ ہو کر گھر پہنچے مگر وہاں قلیل مدت کے لیے ہی رکے کیونکہ آپ کا دل بے قرار تھا۔ اور آپ کو اس کے مداوے کے لیے ایک عابد وزاہد کی تلاش تھی اس تلاش کی بنا پر آپ

حضرت نظام الدین اولیا اور شیخ نجیب الدین فردوسی کے پاس بھی پہنچے اور بیعت لی۔ اور وہاں سے رخصت ہو کر گھر کو روانہ ہوئے۔ مگر راستہ میں جب آپ ضلع آرہ کے بہیا کے جنگل میں پہنچے تو ان پر عجیب کیفیت طاری ہوگئی اور آپ گریبان چاک کر کے جنگل میں نکل گئے۔ آپ کے بھائی نے جنگل میں بہت ڈھونڈا مگر وہ ناکام گھر واپس لوٹ گئے۔ کہا جاتا ہے کہ آپ نے تیس برس جنگلوں میں عبادت کی جن میں بارہ سال بہیا کے جنگل اور کئی سال راج گیر کے علاقوں میں رہے۔ راج گیر پہاڑوں کے دامن میں ہرا بھرا جنگل سے بھرا ایک بے حد خوبصورت اور صحت افزا مقام ہے۔ اس مقام کی اپنی ایک تاریخ و اہمیت ہے۔ راج گیر کا اصل نام راج گری ہے یعنی بادشاہوں کی رہائش گاہ۔ مہابھارت کے زمانے میں اس جگہ کو گرب راج کہا جاتا تھا۔ یہ تاریخی شہر ادیان ہند کا مرکز تھا۔ اجات شترو کا دارالحکومت اور جین مذہب کی تبلیغ کا بھی مرکز تھا۔ اور گوتم بدھ نے بھی اپنی زندگی کے آخری ایام یہیں گزارے۔ آخر میں یہاں برہمنوں کی ایک آبادی بس گئی۔ بدھ مذہب کی پہلی تاریخی کونسل یہیں منعقد ہوئی تھی۔ یہاں کئی گرم پانی کے چشمے ہیں جن میں مخدوم کنڈ سب سے مشہور ہے یہیں پر شیخ شرف الدین احمد کا حجرہ بھی ہے۔ اس وجہ سے بھی یہ جگہ بہت اہمیت کی حامل ہے۔ آپ نے ساٹھ برس تک بہار شریف میں تبلیغ اسلام کی۔ آپ کی روحانیت، شہرت اور اہلیت و درویشی کا حال سن کر سلطان محمد تغلق نے بہار شریف میں ایک خانقاہ تعمیر کرائی اور پرگنہ راج گیر بھی ایک فرمان کے ذریعہ نذر کیا تاکہ اس سے خانقاہ کے اخراجات اس کی آمدنی سے پورے ہو سکیں۔ مگر مخدوم صاحب کو یہ پسند نہیں آیا اور انھوں نے اس کو لوٹا دیا۔ آپ

کے والد یحییٰ منیری نے بھی بختیار خلجی کو اپنے والد تاج فقیہ کی فتح کردہ حکومت منیر حوالہ کردی تھی۔ یعنی آپ کا خاندان گویا فقیری میں بادشاہ تھا۔ آپ کی منکسر المزاجی کا یہ عالم تھا کہ آپ نے اپنے ملفوظات میں اکثر خود لکھا ہے کہ میں تو اسلام کے لائق بھی نہیں ہوں اور کئی جگہ خود کو بدبخت اور ذلیل وغیرہ بھی تحریر کیا۔ غرور اور ظاہر داری سے آپ کو سخت نفرت تھی۔ آپ کا لباس بے حد سادہ اور غذا میں صرف خشک روٹی، چاول، یا کھچڑی کھایا کرتے تھے۔ آپ کا وصال ۷۸۲ھ بروز جمعرات نماز عشاء کے وقت ہوا اور آپ نے تقریباً ۱۲۱ سال عمر پائی۔

منیر شریف کی چھوٹی بڑی درگاہیں:

ان درگاہوں اور منیر سے متعلق اہم معلومات ہمیں انگریزی زبان میں مستند تحریروں کے حوالے سے ملتی ہیں ان میں سے سب سے پہلے ۱۸۱۲-۱۴ میں بکانن (Buchanan) کی تیار کردہ پٹنہ اور گیا سے متعلق رپورٹ ملتی ہے۔ اس کے کچھ مدت بعد جنرل کننگھم (Cunninghim) نے اور اس کے بعد بلاک (Bloch) نے ۱۹۰۲ میں آثار قدیمہ کے تعلق سے رپورٹیں تھیں جن مین ضخیم کننگھم کی تھی۔ اس کے بعد ۱۹۲۴ میں مولوی حمید قریشی نے بہار اور اڑیسہ کے تحفیظ شدہ آثار سے متعلق فہرست مرتب کی جس میں منیر کی درگاہوں کا تفصیل سے ذکر ہے۔ ۱۹۲۷ میں L.S.S.O.Malley کے گزیٹیرز (Gazetteer) کے نظر ثانی شدہ ایڈیشن کی بھی اشاعت ہوئی۔ حافظ شمس الدین منیری نے بھی ایک طویل مضمون میں منیر کی تاریخ اور آثار قدیمہ کے بارے میں مفصل بیان کیا ہے۔ جو ۱۹۳۰ میں تحریر ہوا۔ ۱۹۶۳میں ڈی۔ آر۔ پاٹل کی کتاب بہ عنوان

(Autiquarian Remains in Bihar) جس میں منیر کی تاریخی معلومات فراہم ہوتی ہیں۔ اس کے علاوہ سید حسن عسکری اور قیام الدین احمد نے بھی منیر کی عہد وسطیٰ کی تاریخ کا تفصیل سے ذکر کیا ہے۔ ۱۹۷۳ میں قیام الدین احمد کی ایک کتاب Corpus of Arabic & persian inscription of Bihar کے عنوان سے شائع ہوئی جو بہت تفصیلی اور تحقیقی کتاب ہے۔

بڑی درگاہ:

یہ درگاہ منیر شریف کے دیگر مقدس مقامات میں خاص طور سے متبرک ہے۔ یہ تالاب سے متصل مرتفع ٹیلہ پر مشرق کی جانب واقع ہے اس کے روضہ کا احاطہ وسیع ہے اور دیواروں کی حدبندی کی ہوئی ہے اس میں دو بڑے دروازے ایک جانب مغرب اور دوسرا شمال کی طرف ہے مشرقی جانب ایک مسجد ہے جو پہلے تین عالیشان گنبدوں کی بنی ہوئی تھی چند سال ہوئے موجودہ صاحب سجادہ کے اہتمام سے نئے طریقے سے تعمیر ہوئی ہے۔ جس کے بیچ کا دروازہ اپنی اصلی حالت پر ہے اس کے آگے ایک صحن ہے۔ اتر کی طرف ایک سنگی دالان اور حجرہ ہے صحن سے متصل حضرت مخدوم کے وضو کرنے کا چبوترہ ہے۔ بیچ احاطہ میں ایک چبوترے پر حضرت ولی اعظم سلطان المخدوم حضرت شاہ یحییٰ منیری قدس سرّہٗ کا مزار اقدس ہے۔ آپ کے قریب آپ کی والدہ ماجدہ اور والد محترم اور عم محترم کے مزارات ہیں۔ ایک چھوٹے احاطے میں ملک کے ممتاز بزرگ حضرت مخدوم جہاں شاہ شرف الدین احمد کی اہلیہ محترمہ اور دو صاحبزادیاں مدفون ہیں۔ حضرت مخدوم کے زیرپائین آپ کے بڑے صاحبزادے حضرت مخدوم جلیل الدین احمد منیری

فردوسی کا مرقد مبارک ہے۔ آپ کے دوسری جانب حضرت شاہ ہدایت اللہ منیری رحمۃ اللہ علیہ اور آپ کی شریک حیات کا اور آپ سے متصل حضرت مولانا شمس الدین مازندرانی مدفون ہیں۔ وغیرہ

مغربی دروازے کے قریب تاج الدین کھانڈ گاہ کا مزار ہے جو سلطان محمود غزنوی کے خاندان کے ایک رکن تھے۔ حضرت مخدوم کے خاندان کے بیشتر افراد اسی احاطے میں دفن ہیں شمالی پھاٹک کے باہر ایک کھلی ہوئی مسجد ہے، جس کو شاہان دہلی کے کئی بادشاہ کے دو خواجہ سراؤں نے تعمیر کرایا تھا۔ اور حسب وصیت یہیں سپرد خاک بھی ہوئے مسجد سے متصل اس زمانے کے دو کمرے ہیں اس سے کچھ دور ایک سنگی مجسمہ ہے جسے وہاں کے عوامی لوگ شہدول یا سادول کے نام سے پکارتے ہیں۔ یہ قدیم زمانے کی یادگار ہے۔ دراصل یہ مجسمہ ایک شیر کا ہے جو ایک ہاتھی کے بچہ کو اپنے پیروں کے بیچ لیے ہوئے ہے بقول مولوی حمید قریشی کے یہ بڑی درگاہ راجہ منیر کا قلعہ تھی جس کا ثبوت یہ مجسمہ ہے جو درگاہ کے دروازہ پر ایستادہ ہے۔ اور اسی کے آثار کا ایک نشان یا حصہ ہے اس کے علاوہ مقامی روایتوں کے مطابق بھی اسے امام تاج فقیہ کے ذریعہ قلعہ کی فتح کی ایک یادگار کے طور پر بیان کیا جاتا ہے وغیرہ۔ اس درگاہ کے احاطہ میں سیکڑوں پختہ مزارات اولیا اور شاہزادوں کے ہیں اور جابہ جا قناتی مسجدیں بھی ہیں۔ بڑی درگاہ کے احاطہ کو اس کے سائبان اور مسجد کو دوسری بار ابراہیم خان کانکر مغل امیر جو کہ صوبہ گجرات کا صوبہ دار تھا۔ ۱۰۱۴ھ میں تعمیر کرایا تھا۔

چھوٹی درگاہ:

یہ وہ جگہ ہے جہاں حضرت سلطان المخدوم شاہ یحییٰ منیری رحمۃ اللہ علیہ کے خاندان کے ممتاز بزرگ حضرت قطب الاقطاب مخدوم امام یزید الملقب بہ شاہ دولت منیریؒ آرام فرما ہیں۔ یہ مقبرہ آپ کے مرید ابراہیم خاں کانکر صوبہ دار گجرات نے تعمیر کرایا ہے۔

تعمیر روضہ کا جب خیال ہوا تو حضرت سے آپ کی زندگی ہی میں اس کی اجازت طلب کی۔ حضرت نے فرمایا کہ میرے بزرگوں نے آسمان کا سایہ اختیار کیا ہے، مجھے اس کی ضرورت نہیں۔ انھوں نے کہا مجھے تعمیر کی اجازت دی جائے تاکہ میں بھی مرنے کے بعد اس میں دفن کیا جاؤں۔ اس طور پر اس عالیشان عمارت کی بنیاد پڑگئی۔ ابراہیم خاں کانکر بہت غریب تھے۔ آنحضرت کی سفارش سے عبدالرحیم خان خاناں نے ان کو گجرات میں جگہ دی، ابراہیم خاں کانکر اپنی دلاوری اور حسن خدمت سے معزز ہو کر شاہی ملازمت تک بلند ہوئے اور توزک جہانگیری کی تحریر کے مطابق عہد جہانگیری میں دلاور خاں کے خطاب سے سرفراز کیے گئے اور تمام عمر کاٹھیاوار اور گجرات میں خدمت جلیلہ انجام دیتے رہے۔ گجرات ہی میں انہوں نے روضہ اور تالاب کا خاکہ تیار کیا، اور تنگر قلی خاں بدخشانی ماہر تعمیرات کو اس نقشہ اور لوازمہ ٹھیک کرنے پر مامور کیا، یہ عالیشان مقبرہ سر تا پا سنگ چنار کا بنا ہوا ہے۔ صوبہ کی اور عمارتوں میں یہ عالیشان اور بہت خوبصورت عمارت ہے۔ ۵۸ فٹ مربع اور دو فٹ اونچے چبوترہ پر واقع ہے۔ باہر کی چہار دیواری، ۲۵۲ فٹ چوڑی اور دس فٹ اونچی ہے۔ چاروں کونے پر بارہ پہل کی برجیاں ہیں، جنوب مشرق کی جانب جو برجی ہے اس کے دو تلے پر نہایت نفیس پتھر کی جالیاں ہیں، جس حصہ پر

مقبرہ ہے وہ باہر سے ۳۴فٹ ۸ انچ مربع ہے اور اس کے چاروں طرف ۱۱فٹ ۸ انچ چوڑا برآمدہ ہے۔ برآمدہ کی چھت اعلیٰ قسم کی سنگ تراشی اور نقاشی کا نمونہ ہے۔ چھت میں جابہ جا آیات قرآنی بھی کندہ ہیں۔ اس سنگ تراشی کا مقابلہ فتح پور سیکری کی بہترین سنگ تراشی اور نقاشی سے کیا جاسکتا ہے۔ اندر سے مقبرہ ۱۳فٹ مربع ہے اور ہر طرف چار بڑے ستون ہیں۔ ستونوں کے درمیان نہایت پتلی دیوار ہے۔ محراب کی جالیوں پر عربی خط میں اللہ کافی لکھا ہوا ہے۔ اور ستونوں کے برا یکٹ پر پتھر کی سلیاں رکھ کر اس کو ہشت پہل پھر دائرہ بنایا گیا ہے۔

مقبرہ کے اندر کی قبروں میں بیچ کی قبر حضرت مخدوم شاہ دولت منیریؒ کی ہے۔ پائین کی دو قبروں میں پورب کی قبر آپ کی اہلیہ محترمہ کی اور پچھم بانیِ مقبرہ ابراہیم خان کانکر کی ہے۔

ابراہیم خاں کا انتقال ۱۰۲۸ھ میں ہوا۔ اور حسب وصیت اندرون مقبرہ اپنے محترم پیر کے پہلو میں دفن ہوئے۔

شمال اور مغرب کی طرف پتھر کے ستونوں پر کھلی ہوئی گیلریاں ہیں۔ پچھم والی گیلری کے وسط میں ایک خوشنما لداؤ چھت کی شاندار مسجد ہے۔ اس میں ایک کتبہ ہے جس کی اول دو سطروں میں آیات قرآنی اور آخر سطر میں سنہ تعمیر ۱۰۲۸ھ۔۱۶۱۸ کندہ ہے۔ قطعۂ تاریخ ۔

چوں این عالی بنائے کعبہ تمثیل جہاں آرا
بفیض صانع قادر تمامی اقتضا کردہ

دل عاصی ہمہ جست از خرد سال بنائے او

خرد گفتا جو ابراہیم بیت اللہ بنا کردہ

۱۰۲۸ھ

قطعۂ تاریخ کا ترجمہ: جب اس عالی شان عمارت کی بنیاد دنیا کو سجانے والے کعبہ کی طرح خدا کے فیض سے رکھنے کی خواہش ظاہر ہوئی ہے تو اس نافرمان اور گنہگار دل نے عقل سے اس کو بنانے کی تاریخ تلاش کی تو عقل نے کہا جیسے ابراہیم نے بیت اللہ (کعبہ) کی بنیاد رکھی ہے۔ اس جملے کے اعداد میں تاریخ تعمیر پوشیدہ ہے۔

مسجد کے سامنے ایک چبوترہ پر حضرت مخدوم شاہ مبارک حسین عرف شاہ دھومن منیریؒ، آپ کے والد ماجد آپ کے جد امجد اور بھی خاندان کے بزرگوں کے مزارات ہیں۔ مقبرہ سے دکھن جانب ایک صفہ عالی پر آپ کے دو صاحبزادے حضرت مخدوم شاہ فرید الدین احمد محمد ماہر و فردوسی منیری و حضرت مخدوم شاہ محمد علیؒ اور آپ کے سجادگان حضرت شاہ قطب الدین احمد فردوسی منیری و حضرت شاہ امجد حسین چشتی النظامی الفردوسی المنیری، حضرت سید شاہ ابو الظفر فرید الدین احمد فردوسی منیری حضرت سید شاہ ابولفرح فضل حسین قادری منیری اور حضرت سید شاہ دولت علی محمد امان اللہ فردوسی منیری اور بھی خاندان کے بہت سے حضرات آسودہ خاک ہیں۔

مقبرہ کے پورب جانب حضرت شاہ اعظم علی عرف فردوسی بھیکن منیری المتوفی ۱۲۷۰ھ ابن حضرت سید شاہ ابو الفرح شاہ لطف علی فردوسی منیری حضرت شاہ نظام الدین منیری ۱۲۹۷ھ، حضرت سید شاہ خلیل الدین احمد جوش منیری، حضرت شاہ اولاد علی زاہدی الفردوسی المنیری المتوفی ۱۳۰۷ھ اور حضرت سید شاہ

احتشام الدین حیدر المتخلص یہ مشرقی منیری اور بہت سے لوگوں کے مزارات ہیں۔
مسجد کے دکھن جانب سائبان میں ایک زمین دوز کمرہ ہے جس میں جانے کے لیے زینے بنائے گئے ہیں۔ درگاہ سے تالاب کے طرف جانے کے لیے ایک سنگی دروازہ ہے۔ جنوب مغرب گوشہ پر ایک خوبصورت کمرہ اور جنوب مشرق گوشہ پر ایک ناغول (چھت دار زینہ) ہے۔ جس کی دیوار اعلیٰ قسم کے پتھر کی جالدار بنائی گئی ہے۔ تالاب کی طرف دو ناغول ہیں جو بہت خوب ہیں۔ مقبرہ سے شمال کی جانب عظیم الشان صدر پھاٹک ہے جو ۵ فٹ ۹ انچ چوڑا ہے، طرز تعمیر مغلیہ ہے۔ پھاٹک کے دونوں طرف ہشت پہلو خوبصورت برجیاں ہیں، جن پر جانے کے لیے زینے بنے ہوئے ہیں۔ دروازہ کے باہر ۳۰ فٹ لمبا اور ۱۲ فٹ چوڑا خوبصورت سنگی چبوترہ ہے۔ صدر پھاٹک پر تین کتبے ہیں جن میں دو عربی میں اور ایک فارسی میں ہے۔

چو درین روضۂ مقدس شاہ

روئے زینت نہادہ بر اتمام

سال تاریخ من از او جستم

خردم بہر این خجستہ مقام

بد عالب کشودہ گفتا

در دولت کشادہ باد دوام

۱۰۲۸ھ

قطعۂ تاریخ اشعار کا ترجمہ: جب بادشاہ کے اس مقدس روضہ (باغ) نے اس سرزمین کو زینت بخشی ہے یعنی جب اس عمارت کی تعمیر مکمل ہوئی تو میں نے عقل

سے اس کی تاریخِ تعمیر دریافت کی تو عقل نے اس مبارک مقام کے واسطہ اپنے لب کھولے اور کہا اس دولت و حکومت کے دروازے ہمیشہ کھلے رہیں۔ اسی مصرعہ میں تاریخ تعمیر پوشیدہ ہے یعنی ۱۰۲۸ھ۔۱۶۱۸ء۔

تالاب کے چاروں طرف دو دو گومتیاں بنائی گئی تھیں۔ پچھم اور پورب کی گومتیاں ابھی قائم ہیں۔ اُتّر کی گومتیاں بہت شکستہ ہو چکی ہیں۔ دکھن کی منہدم ہو گئی ہیں۔ تالاب میں جانے کے لیے چاروں طرف سے زینے بنائے ہیں اور اس کے دکھن بلندی پر گورنمنٹ کا پُر فضا ڈاک بنگلہ ہے۔

غرض منیر شریف کی یہ دونوں درگاہیں بے حد مقدس اور عہد مغلیہ کی شاندار یادگار ہیں۔

ماخذ:

۱۔ تاریخ بہار : چند مقالات، ندیم گیا، خدابخش اورینٹل لائبریری پٹنہ، اشاعت ۱۹۹۴

۲۔ ارض بہار اور مسلمان : عبدالرقیب حقانی، خدابخش اورینٹل پبلک لائبریری پٹنہ ۲۰۱۲

۳۔ آثار منیر : تصنیف سید شاہ مراد اللہ منیری، خدابخش اورینٹل پبلک لائبریری، پٹنہ شاعر اول ۱۹۴۸ اشاعت دوم ۲۰۱۰

***

۷

پانی پت کی چند مایہ ناز علمی و ادبی ہستیاں

رؤف خیر

پانی پت کی جنگوں کی تاریخی اہمیت اپنی جگہ مسلم ہے مگر اس کی ادبی و مذہبی شناخت میں جن شخصیات نے اپنا حصہ ادا کیا ہے وہ بھی تاریخی حیثیت کی حامل ہیں۔ ان میں سب سے قد آور شخصیت شمس العلما خواجہ الطاف حسین حالی کی ہے۔ مرزا غالب کو روشناسِ خلق کروانے میں حالی کی خدمات کے اہل نظر تو معترف ہیں ہی خود غالب کو بھی اس کا احساس رہا خوش گمان غالب یہ کہہ کر دل کو تسلی دے رہے تھے۔

ہوں گرمیِ نشاطِ تصور سے نغمہ سنج
میں عندلیبِ گلشنِ ناآفریدہ ہوں

شہ کا مصاحب ہونے سے ذوق کا مقام و مرتبہ اس دور میں اونچا تھا۔ مومن اپنی ذہانت و رومانیت کی وجہ سے مقبول خاص و عام تھے۔ غالب کے بارے میں عام خیال یہی پایا جاتا تھا کہ اپنا کہا خود سمجھیں یا خدا سمجھے۔ اسی لیے غالب گویم مشکل

وگرنہ گویم مشکل کی منزل سے گزر رہے تھے۔ سچ پوچھیے تو غالب پر حالی کا بڑا احسان ہے جہاں حالی نے 'یادگارِ غالب' کے ذریعے غالب کو یادگار بنا دیا، وہیں سر سید احمد خان کو بھی 'حیاتِ جاوید' بخشی۔ غالب کی طرح سر سید بھی اپنے دور میں سیاسی و مذہبی، سماجی و اصلاحی اعتقادات و اقدامات کی وجہ سے عوام میں نامقبول ہی رہے۔ وہ تو خواجہ الطاف حسین حالی ہیں جنھوں نے غالب و سر سید کی بلند قامتی کا احساس کروایا۔ سر سید کی ایما پر 'مدوجزر اسلام' (مسدس حالی) جیسا شاہ کار ادب کو دیا اسے سر سید بھی اپنے لیے 'شاہ نیکی' خیال کرتے تھے۔ جدید نظم اور جدید تنقید کے بنیاد گزاروں میں بھی حالی کا نام لیا جاتا ہے۔ 'مقدمۂ شعر و شاعری' کے ذریعے حالی نے شعری منظر نامہ ہی بدل کر رکھ دیا۔ حالی نے شعر کی خصوصیات میں سادگی، اصلیت جوش کی اہمیت دکھائی وہیں شاعر کے لیے رہنما اصول (بلند تخیل، عمیق مطالعۂ کائنات اور تفحصِ الفاظ) کا بے مثال تحفہ دیا۔

پانی پت کی دوسری بڑی شخصیت پروفیسر وحید الدین سلیم پانی پتی کی ہے ۱۸۵۹ میں پیدا ہونے والے سلیم ۱۹۲۸ میں اپنے پیچھے کئی کارنامے چھوڑ گئے۔ پانی پت سے آگے بڑھے تو علی گڑھ میں سر سید احمد خاں کی خدمت میں جٹے رہے۔ فرماں روائے حیدرآباد میر عثمان علی خاں بہادر نظام سابع نے حیدرآباد کو مثالی مملکت بنانے میں سر سید کا تعاون چاہا تو انھوں نے اپنے خاص معتمد و معتبر حضرات جیسے مہدی علی خان اور وحید الدین سلیم کو اپنی سفارش کے ساتھ بھیجا۔ مہدی علی خان محسن الملک ہوگئے اور وحید الدین سلیم عثمانیہ یونیورسٹی کے

پروفیسر ہوگئے۔ دوسرے صدر شعبۂ اردو ہوئے پھر دارالترجمہ میں وضع اصطلاحات کمیٹی کے خاص رکن ٹھہرے۔

خواجہ احمد عباس بھی پانی پت کی خاک سے اٹھنے والے اور حالی کے خاندان کے مشہور و ممتاز فرد تھے۔ ان کا ناول 'انقلاب' شاہ کار سمجھا جاتا تھا۔ وہ پکے سیکولر قلم کار تھے۔ گاندھیائی فلسفے کے ہم نوا مگر کمیونسٹ تھے۔ جب مرے تو وصیت کی کہ ان کی میت کو ترنگے میں لپیٹ کر آخری رسومات ادا کی جائیں۔ ہفتہ وار بلٹز میں وہ 'آزاد قلم' کالم لکھتے تھے جو ان کی حق گوئی و بے باکی کا ترجمان تھا۔ راج کپور کے لیے کئی فلمیں لکھیں جو کامیاب ثابت ہوئیں۔ 'میرا نام جوکر' نے کامیابی کا ریکارڈ قائم کیا۔ انھوں نے اپنے طور پر جو آرٹ فلمیں بنائیں وہ شاہ کار ٹھہریں۔ ان کے افسانے ناول منفرد ہوا کرتے تھے۔ وہ انگریزی اور اردو دونوں زبانوں میں لکھتے تھے اور دونوں زبانوں پر یکساں دسترس رکھتے تھے۔ پانی پت میں موجود ان کی موروثی جائیداد کو ان کے جیتے جی کسٹوڈین نے پاکستان سے آنے والے شرنارتھیوں کو الاٹ کر دیا تھا۔ خواجہ احمد عباس نے دس سال تک مقدمہ بازی کر کے کسٹوڈین سے وہ جائیداد بالآخر حاصل کی جس کے وہ یقیناً مستحق تھے مگر چونکہ وہ سیکولر ذہنیت کے حامل ادیب بھی تھے چنانچہ انھوں نے اپنا وہ گھر انہی شرنارتھیوں کو معمولی رقم کے عوض بیچ بھی دیا۔

ڈاکٹر کمار پانی پتی نے اپنی کتاب 'عہد ساز ادبی شخصیتیں' حصہ اول میں لکھا:

"میں سوچتا ہوں کاش اس گھر میں کوئی لائبریری ہوتی یا کسی اردو ادارے کا

کوئی دفتر ہوتا اور یہ اردو گھر خواجہ صاحب کے ادبی وقار کی علامت بن جاتا"

پانی پت کے ایک اور مشہور و ممتاز نظم گو شاعر بشیشر ناتھ کنول گزرے ہیں اگرچہ انھوں نے غزلیں بھی کہی ہیں مگر نظم کی وجہ سے انھیں زیادہ شہرت ملی۔

کنول قومی یک جہتی کے علم بردار بھی تھے۔ چنانچہ اپنی ایک نظم میں وہ کہتے ہیں۔

راستہ کیا ہے وہ جس کی منزل نہ ہو
سوے منزل نہ جاؤ قدم روک لو
ہندو سکھ ہو مسلماں ہو عیسائی ہو
یوں چلو مل کے جیسے سگے بھائی ہو
میری آواز اگر سن سکو تو سنو
تم سبھی ایک ہو، ایک ہو، ایک ہو

افسوس ۱۳ فروری ۱۹۹۰ کو پانی پت کے اس بے باک شاعر کا کریا کرم کیا گیا۔ اسی سال ڈاکٹر کمار پانی پتی نے کنول کے فکر و فن کو خراج عقیدت پیش کرنے کے لیے ایک کتاب 'جام ہاتھوں میں رہا' ترتیب دی۔

پانی پت اردو کے ساتھ ساتھ فارسی ادب کا بھی گڑھ رہا ہے۔ دینی و مذہبی اداروں میں عربی کا بھی زور تھا۔ آزادی سے پہلے پانی پت میں سات ہزار کی آبادی تھی جس میں چار ہزار مسلمان اور تین ہزار غیر مسلم تھے مگر جیسے ہی ملک تقسیم ہوا مسلمان بچتے بچاتے پاکستان ہجرت کر گئے۔

ایک زمانہ تھا پانی پت میں غیر مسلم بھی اردو کے ساتھ ساتھ فارسی میں شعر کہا

کرتے تھے ۱۹۱۸ میں پیدا ہونے والے کندن لال اخگر شاہانی فارسی اور تاریخ میں ایم۔اے تھے۔ دوآبہ کالج جالندھر اور دیال سنگھ کالج کرنال میں وہ لکچرر رہتے۔وہ فتح محمد فاتح کے شاگرد تھے۔اردو میں ان کے چھے شعری مجموعے گستاخیاں، رعنائیاں، رنگینیاں، تجلیاں، بے باکیاں اور گل باریاں شائع ہو چکے ہیں۔ ادبی مرکز نے پانی پت سے ان کا ایک مجموعہ 'گلبانگ پارسی' بھی شائع کیا۔ اخگر شاہانی کے بعض اردو شعر تو ضرب المثل ہو کے رہ گئے ہیں اور ان کے احباب کی زبانوں پر ہیں۔ جیسے

وقت کے ساتھ میں نہیں چلتا
وقت ہی میرے ساتھ چلتا ہے
کسی کے دل میں اترنا تو مجھ کو آتا ہے
کسی کے دل سے اترنا مجھے نہیں آتا

ڈاکٹر کمار پانی پتی سے ان کی مراسلت رہی۔ وہ بزم سخن کرنال کے بانی مبانی تھے۔ کسی ادبی شخصیت کی آمد پر یا مہینے دو مہینے بزم کی نشستیں ہوتی تھیں تو وہ احباب کو جمع کرتے تھے اور ان کی آمد و رفت کا خرچ برداشت کرتے تھے۔ اخگر شاہانی کے بچے کیرل میں ملازمت کرتے تھے اور وہیں Settle ہو گئے تھے۔ اخگر صاحب کرنال چھوڑ کر کیرل بادلِ نخواستہ گئے۔ وہ چاہتے تھے کہ ان کے فارسی کلام کا مجموعہ گلبانگِ پارسی جلد چھپ جائے جس کی کتابت ہریانہ کے معروف خوش نویس رام نرائن مستانہ پانی پتی کر رہے تھے۔ اخگر شاہانی نے اپنے فارسی شعری مجموعے کا پیش لفظ فارسی میں لکھا اور اس کا انتساب اپنے استاد فتح محمد صاحب فاتح ساہیوال۔

پاکستان کے نام کیا۔ ۱۹اپریل ۱۹۸۸ کو پیش لفظ لکھنے کے چند ہی دنوں بعد ان کا انتقال ہو گیا مگر ان کے وفادار دوست ڈاکٹر کمار پانی پتی نے گلبانگِ پارسی بہت جلد ۱۹۸۹ ہی میں شائع کر کے اخگر صاحب کی آتما کی شانتی کا سامان کر دیا۔

اخگر شاہانی کی پہلی غزل کا مطلع ہے:

دوش من در خواب دیدم دلبر گلفام را
بادلِ خود جفت دیدم راحت وآرام را

جملہ ایک سو غزلوں پر مشتمل گلبانگِ پارسی اخگر شاہانی کی فکری خلاقی کا مظہر ہے۔ ان میں بعض غزلیں دس اشعار پر 'بعض نو بعض سات یا پانچ اور تین غزلیں دو دو اشعار پر بھی ہیں۔ ان کی چالیسویں غزل کے دو شعر ان کی فکری پرواز کے غماز ہیں۔

رامش گری کمال بکردہ زِتان سین
اِمروز تاجدار اوو شنود گمبر است
شب چوں نظر بہ سوے نجوم فضا کنم
ہر اختر ایں زند کہ او تابندہ اخگر است

کتابت کی غلطیاں دور ہو جاتیں اگر یہ مجموعہ ان کی زندگی میں شائع ہو جاتا۔ حیرت کا مقام تو یہ ہے کہ پانی پت جیسے مقام پر رہتے ہوئے اخگر شاہانی نے اردو کے ساتھ ساتھ فارسی مذاق کو بھی زندہ رکھا۔

ہریانہ کے پہلے راج کوی لالہ انوپ چند آفتاب پانی پتی کی حق گوئی وے باکی سے متعلق ڈاکٹر کمار پانی پتی نے 'عہد ساز ادبی شخصیتیں' میں لکھا کہ جوش ملیح آبادی

نے جب ہندوستان میں شراب کی پابندی کے خلاف نظم کہی تھی کہ۔

انسان کے لہو کو پیو اذنِ عام ہے
انگور کی شراب کا پینا حرام ہے!

آفتاب پانی پتی نے جواباً سخت لہجے میں جوشؔ کا رد کیا۔ اور چوٹ کی۔

کیا ان سے درس لیں گے مری قوم کے جواں
عیاشیوں میں کٹ گئیں جن کی جوانیاں

گویا 'یادوں کی برات' کی طرف اشارہ ہے۔ ویسے شراب بندی کے خلاف جوش نے لال قلعے کے مشاعرے میں پنڈت جواہر لال نہرو کی موجودگی میں وہ گستاخانہ نظم سنائی تھی تو گوپال متل نے فی البدیہہ اس کا جواب دیا تھا۔ لالہ انوپ چند آفتاب پانی پتی گاندھیائی فلسفے کے ہم نوا اور حب الوطنی سے سرشار تھے۔ ان کے کئی شعری مجموعے شائع ہو چکے ہیں جیسے:

کلام آفتاب۔ ۱۹۱۵، سیلابِ اشک۔ ۱۹۲۱، نغمۂ روح۔ ۱۹۲۱، آفتابِ وطن۔ ۱۹۳۱، زخم وطن۔ ۱۹۳۴، جذباتِ آفتاب۔ ۱۹۴۰، جوشِ وطن۔ ۱۹۴۱، جذبات کی دنیا۔ ۱۹۵۵، حبِ وطن۔ ۱۹۶۱ اور شمشیر وطن۔ ۱۹۶۶

پانی پت کی خاک سے اٹھنے والا رام ریاض ایک غیر معمولی ذہین شاعر تھا۔ چوتھی دہائی میں پیدا ہونے والا رام ریاض تقسیم ملک کے ہنگاموں میں اپنے والدین کے ساتھ ہجرت کر کے جھنگ پاکستان پہنچ گیا۔ کچھ دن ٹیچری کرنے والا رام ریاض ایم اے کر چکا تھا بھٹو کے دور میں وہ فیملی پلاننگ محکمے میں PPO کے عہدے پر فائز تھا مگر جنرل ضیاء الحق کے دور میں وہ دیگر ملازمین کے ساتھ ملازمت

سے سبک دوش کر دیا گیا۔ ظاہر ہے نس بندی کو ضیاء الحق نے غیر اسلامی قرار دے دیا ہو گا۔

رام ریاض بڑا اچھا شاعر تھا۔ اس کی مقبولیت میں اضافہ ہوتا رہا۔ ادبی حلقوں اور مشاعروں کا وہ کامیاب باغی شاعر شمار ہوتا تھا۔ اس کے چند مشہور شعر ہیں۔

تیرے اور میرے ستارے جو نہیں ملتے ہیں
تجھ میں اور مجھ میں کوئی فرق تو بنیادی ہے
میں تیری مدح تو کر سکتا ہوں لیکن اس میں
میرے فن کی ہی نہیں خلق کی بربادی ہے
اجاڑ سڑکوں پہ خاموش بہتا رہتا ہے
ہمارے خون کو عادت نہیں اُبلنے کی
ہنسی خوشی سے گزارو کہ رُت نہیں آئی
حصارِ حبس سے باہر ابھی نکلنے کی
سب اپنا لہو چاٹ کے ہو جاتے ہیں خاموش
دیتا ہے یہاں کون دہائی، مرے بھائی
دشمن تجھے کیسے نظر آنے لگے دشمن
تو نے ابھی دیکھے نہیں بھائی، مرے بھائی

رام ریاض اپنے مولد پانی پت آنے کا بڑا خواہش مند تھا مگر ۱۹۸۶ میں وہ فالج کا شکار ہو گیا اور چار سال بعد ستمبر ۱۹۹۰ میں دنیا سے منہ موڑ گیا۔

ڈاکٹر دولت رام صابر پانی پتی ایک پُر گو شاعر تھے وہ مولانا تاجور کے شاگرد

تھے۔ڈاکٹر قمر رئیس نے فرمایا تھا:

"زبان کی دروبست سے سادگی و پرکاری پیدا کرنا اور مصرعوں کو کچھ اس طرح تراشنا کہ وہ برجستہ مکالموں کا مزہ دینے لگیں، مشکل فن ہے مگر مولانا تاجور کا ایک بہترین شاگرد ہونے کا ثبوت دیتے ہوئے ڈاکٹر موصوف (دولت رام صابر) نے اس مشکل کام کو خاصا آسان بنا رکھا تھا"

ان کا شعر ہے۔

کس شان کی حامل ہے مری دشت نوردی
جوتا بھی جو پاؤں میں نہیں ہے تو نہیں ہے

اس کے دوسرے مصرعے پر باضابطہ طرحی مشاعرہ ہوا جس میں کئی ممتاز شاعروں نے طبع آزمائی کی جیسے مہندر پرتاپ چاند، ڈاکٹر رانا گنوری، ڈاکٹر جی آر کنول، اخگر پانی پتی، عرش صہبائی، شمس تبریزی، سید ضیا علوی، مسلم طاہری، سراج پیکر، یعقوب اعظم، محترمہ ممتاز نازاں، پریم لتا اور ڈاکٹر کمار پانی پتی وغیرہ۔

ڈاکٹر کمار پانی پتی کی وجہ سے اردو ادب کے نقشے میں پانی پت کا نام زندہ و تابندہ ہے۔ادبی مرکز کا قیام اور اس کے تحت شعر و ادب کی محفلیں برپا کرنا اور کتابوں کی اشاعت ان کا مشغلہ رہا وہ یہ ساری خدمات اردو کی محبت میں کرتے رہے ہیں۔ان کا ایک شعری مجموعہ 'آج انسان بننے کا وعدہ کرو' ۲۰۱۴ میں منظر عام پر آیا۔اس کا صرف رسم الخط ہندی ہے ورنہ کمار صاحب تو خالص اردو کے آدمی کہلائے جاسکتے ہیں۔

بے بسی زندگی کی آس میں ہے

کیا بتاؤں کہ کیا گلاس میں ہے
خود خزاں پوچھتی ہے رہ رہ کر
فصل گل آج کس لباس میں ہے
میرے قدموں سے لپٹنے کو ترستی منزلیں
ڈھونڈتی پھرتی ہیں مجھ کو بستی بستی منزلیں
جانے کس برحق زمانے کا پتہ دیتی رہیں
عزمِ محکم کے اشاروں پر برستی منزلیں

شہر حالی و سلیم کی ہونہار بیٹی کماری رچی ملہوترہ سونو ایم اے انگلش تھی اور اپنے والد ڈاکٹر کمار پانی پتی کی طرح بڑی خوش ذوق اور خوش سخن تھی۔ اُسے دکھ تھا تو بس یہ کہ اچھی خاصی قابلیت کے باوجود اسے کسی اچھے ادارے میں اچھی سرکاری ملازمت نہیں مل سکی وہ ایک خانگی اسکول میں معمولی تنخواہ پر ٹیچری کر رہی تھی۔ اسی ناکامی نے اسے زندگی ہی سے مایوس کر دیا اور اس کا ذہنی توازن بگڑ گیا۔ ۱۲ اکتوبر ۱۹۷۵ کو پانی پت میں پہلی سانس لینے والی رچی سونو ۱۱ دسمبر ۲۰۱۳ کو آخری سانس لے کر ہمیشہ ہمیشہ کے لیے خاموش ہو گئی۔ سارا پانی پت اداس ہو گیا۔ ڈاکٹر کمار نے اپنی چہیتی بیٹی کی شعری تخلیقات کو 'آنسوؤں کے موتی' نامی کتاب میں جمع کر کے اُسے بے نام و نشاں ہونے سے بچالیا۔ رچی ملہوترہ سونو اپنے شعری رویے کے بارے میں خود لکھتی ہے۔

شعر لکھتی ہوں کاٹ دیتی ہوں
کیوں کہ دل کو وہ چھو نہیں پاتے

چاہتی ہوں کہ ان میں کچھ بھر دوں
آج کے یگ کو جو بدل ڈالے
دن رات میں پھانسی پہ لٹکتی ہی رہی ہوں
تقدیر کے جنگل میں بھٹکتی ہی رہی ہوں
دشمن تو کسی کی بھی نہیں تھی میں مگر کیوں
ہر شخص کی آنکھوں میں کھٹکتی ہی رہی ہوں

رچی سونو نے زندگی سے بھرپور رومان پرور زندگی کی عکاسی کی ہے۔

مجھے پیار سے اپنی بانہوں میں کس کر
کوئی جا رہا ہے مرے دل میں بس کر
میں تیری حقیقت سے واقف ہوں پیارے
نہ مار اتنی شیخی مرے یار بس کر
میں ناگن ہوں نس نس میں ہے زہر میری
مزہ دیکھ تو بھی مجھے آج ڈس کر

رچی ملہوترہ سونو کی جدائی پر اپنے ہمدردانہ جذبات کا اظہار کرنے والوں میں کئی قلم کار ہیں جیسے اخگر شاہانی، ڈاکٹر شباب للت، وکاس پانی پتی، پرنسپل سکھ دیو، پریم لتا USA سمن بجاج، آشا متل اور سب سے بڑھ کر ان کے دکھی پتا جی ڈاکٹر کمار پانی پتی۔

پانی پت میں علما و فضلا کی کبھی کوئی کمی نہیں رہی جنھوں نے بھید بھاؤ کے بغیر دین و اخلاق کے ذریعے انسانوں کو انسانیت اور بھائی چارگی سے زندگی گزارنے کا

درس دیا۔" یہ گلیاں ہیں مولانا حالی کی گلیاں" میں ڈاکٹر دھرم دیو سوامی نے ایسی تمام علمی و ادبی شخصیات کا اجمالی ذکر کیا ہے۔ قاضی ثناء اللہ پانی پتی ادھر تو ادھر مولانا ثناء اللہ امرتسری دو ٹکر کے علمائے کرام گزرے ہیں جن کی علمی و مذہبی فتوحات نے تہلکہ مچایا ہے۔ ثناء للہ پانی پتی کے فرزند مولوی احمد اللہ پانی پتی بھی اپنی شناخت رکھتے تھے اور نابغۂ روزگار عالم و شاعر مرزا مظہر جان جاناں دہلوی (۱۶۹۸-۱۷۸۰) کے مرید ہوگئے تھے۔ حضرت شیخ جلال الدین محمد کبیر الاولیا پانی پتی کا سلطان فیروز شاہ تغلق بھی معتقد تھا اور ان کی ملاقات کو پانی پت آیا کرتا تھا۔ شیخ جلال الدین سماع کا اہتمام کرتے تھے اور ان کا لنگر عام تھا۔ حضرت شمس الدین ترک پانی پتی شمس الاولیا کہلاتے تھے۔ بیشتر صوفیہ کی طرح یہ بھی خاندانِ سادات سے تھے یعنی علوی تھے۔ عبدالسلام پانی پتی، عبدالغفور لاری پانی پتی، مولانا عبدالرحمن جانی بھی صاحبِ تصانیف گزرے ہیں۔ فقہ و تصوف میں منفرد مقام کے حامل عبدالقادر پانی پتی، شیخ الجنی کے بیٹے مولانا محمد پانی پتی تھے۔ حضرت سید غوث علی شاہ پانی تپی نے مولوی قلندر علی جلال آبادی سے حدیث، فقہ، منطق، دینیات پڑھیں۔ وہ بو علی قلندر کے مزار کے قریب رہا کرتے تھے۔ شیخ گدا پانی پتی، شیخ مودود لاری پانی پتی بھی صاحبِ حال بزرگ پانی پت کی رونق رہے۔ ان صوفیہ کے مزارات پر عوام کا ہجوم عرسوں کے مواقع پر دکھائی دیتا ہے۔ قوالیاں بھی ہوتی ہیں۔

ان کے علاوہ صاحبِ تصانیف علماء میں امان اللہ پانی پتی، قاضی ثناء اللہ عثمانی

پانی پتی، عبدالرحمن پانی پتی، شیخ علی بن محمود پانی پتی، عنایت اللہ خاں راسخ پانی پتی، محمد بن محمود، محمد علی انصاری پانی پتی (مصنفِ تاریخ مظفری) ہیں۔ نظام پانی پتی نے سنسکرت کے آثار 'جوگ وششٹ' کا فارسی میں ترجمہ کیا اور بادشاہِ وقت جہانگیر کو پیش کیا تھا۔

سعد اللہ مسیحاے پانی پتی نے رامائن کا فارسی میں منظوم ترجمہ کیا تھا۔ شاہ اللہ پانی پتی نے 'سیر االاقطاب' لکھی۔ شرف الدین بو علی قلندر پانی پتی نے بھی ایک مثنوی اور کلیات یادگار چھوڑیں۔ شاہ جہاں کے دور کے شاعر ملا ظاہری پانی پتی نے فارسی شاعری میں اپنا لوہا منوایا۔

قاضی عبدالرحمن تحسین پانی پتی خواجہ الطاف حسین حالی کے گہرے دوستوں میں تھے اور غالب کے شاگرد تھے۔ اردو کی بہ نسبت فارسی میں شعر کہتے تھے ۱۸۷۷ میں انتقال کیا۔ پانی پت کے مشہور رسالہ حیاتِ نو میں ان کی ایک فارسی غزل سرنامے کے طور پر شائع کی گئی ہے۔ یہ رسالہ حالی مسلم ہائی اسکول پانی پت سے شیخ محمد بدرالاسلام فضلی کی ادارت میں نکلتا تھا۔ قادر پانی پتی اور میر قاسم پانی پتی فارسی میں شعر کہا کرتے تھے۔

قلندر بخش ترابی پانی پتی اور قلندر بخش زیرک پانی پتی دونوں فارسی میں شعر کہتے تھے۔ ترابی کا انتقال ستر برس کی عمر میں ہوا اور عظیم آباد میں مدفون ہیں۔ زیرک کی تعلیم و تربیت شاہ جہاں آباد اور لکھنؤ میں ہوئی۔ ان کے بارے میں آیا ہے کہ ان کا دماغ آسمان پر رہتا ہے یعنی وہ کسی کو خاطر میں نہیں لاتے تھے۔

(بحوالہ ڈاکٹر دھرم دیو سوامی۔'یہ گلیاں ہیں مولانا حالی کی گلیاں' ادبی مرکز پانی پت ۱۹۹۲)

مختصر یہ کہ پانی پت شروع ہی سے علم و ادب کا گہوارہ رہا ہے۔ مشاہیر کے کارنامے قصۂ پارینہ ہو کر رہ گئے ہیں اور موجودہ صورتِ حال دیکھ کر دل بھر آتا ہے۔

***

www.ingramcontent.com/pod-product-compliance
Lightning Source LLC
LaVergne TN
LVHW010835051026
849532LV00007B/2709